AF582774

DILE SÍ AL DINERO

JORGE ZURITA

ISBN: 978-0-9854160-4-1

"A Mónica, Jorge y Sandra:
¡Ustedes son la Verdadera
Riqueza de mi Vida!"

CONTENIDO

PRÓLOGO

La tan anhelada independencia económica se basa en que domines ciertos principios financieros. No es algo complicado de comprender, pero es muy difícil de llevar a cabo si no incorporas nuevos hábitos con el dinero.

El dinero es un instrumento de intercambio: das dinero y recibes valor y viceversa, das valor y recibes a cambio dinero.

Mientras más rápido comprendas este concepto, más sencillo te será dejar la carga emocional que enturbia la forma de relacionarte con el dinero y que te hace integrar hábitos que conducen a la pobreza.

"Me lo compré porque para eso trabajo", "mil pesos no me harán ni más rico, ni más pobre", "no quiero ser el más rico del cementerio", son frases que has escuchado o incluso repetido en más de una ocasión. Esta visión emocional del dinero siempre te llevará a un mal manejo de tus finanzas personales, ya que es indudable que todo te lo mereces, pero racionalmente debes pensar si es el momento indicado.

Del mismo modo, es importante comprender que toda relación con el dinero debe ser considerada con una perspectiva de largo plazo (1, 5 ó 10 años). Las personas que tienden a ver el dinero a corto plazo (meses o quincenas), son las que más dificultades tienen para conservarlo — ya que toda inversión requiere de tiempo para rendir frutos.

Lo mismo sucede con los negocios. Se necesita un periodo de entre 2 y 7 años para superar la curva de aprendizaje y empezar a ver ganancias.

Si sientes que trabajas mucho y acumulas poco, es necesario que estudies este libro, no que lo leas. En él descubrirás principios fundamentales para cambiar tu relación con el dinero, manejar tu propio negocio y lograr tu libertad financiera.

Los consejos y estrategias contenidos en este libro no funcionan por sí solos. Tienes que poner de tu parte para asimilarlos y ponerlos en práctica en tu vida diaria, si en verdad quieres construir riqueza.

Todos sabemos que trabajando por un sueldo nadie se hace rico, pero poniendo a trabajar tu capital sí puedes lograrlo. El dinero es un instrumento para crear riqueza y si aprendes a manejarlo, eso es lo que lograrás. Este libro te enseña cómo.

También deberás trabajar en ti como persona, ya que la razón por la cual muchos tienen dificultad con su dinero, no necesariamente es por sus ingresos, sino por su mala administración y el descontrol que tienen con sus gastos.

En este libro recibirás consejos prácticos para:

- **Administrar tus ingresos inteligentemente**
- **Planear y controlar tus gastos**
- **Acumular activos que te generen ingresos**
- **Tener visión a futuro en tus inversiones**
- **Manejar adecuadamente tu negocio**
- **Y más...**

Al final del camino, conocerás los métodos exactos para dejar de trabajar por dinero y en lugar de eso, hacer que tus activos te generen un ingreso residual el resto de tu vida.

Si quieres acumular riqueza, necesitas cambiar la forma en que manejas tu dinero. Acércate a aquellos que ya saben invertir para que te compartan lo que hacen. Ten amigos que sepan hacer dinero, de lo contrario, de amigos pobres solo recibirás quejas y comentarios de lo difícil que están las cosas.

Te aconsejo además que leas de 5 a 7 libros acerca de estos temas en los próximos 12 meses, de manera que puedas visualizar las enormes oportunidades que se te abrirán cuando domines el arte de hacer dinero.

En conclusión, si estás buscando información de primera mano que responda a tus preguntas de cómo manejar mejor tu dinero, construir riqueza y lograr tu libertad financiera, DILE SÍ AL DINERO definitivamente es para ti.

Te deseo mucha suerte,

Mario Borghino

Consultor, motivador de grandes audiencias y autor de varios libros, como: *"El Arte de Hacer Dinero", "El Arte de Dirigir", "El Arte de Hacer Preguntas"* y *"Disrupción - Más Allá de la Innovación"*.

¿QUIÉN ES JORGE ZURITA Y POR QUÉ DEBO LEER ESTE LIBRO?

Hola, me llamo Jorge Zurita. Soy un empresario que opera sus negocios desde casa y mi principal afición, hoy en día, es disfrutar del tiempo que paso con mi familia y con las personas que más valoro en mi vida. Trabajo con quien quiero, cuando quiero y tengo tiempo para viajar y hacer cosas que realmente disfruto, lo que me permite contribuir al mundo de una manera más significativa.

Te preguntarás "¿Cómo es que un empresario puede hacer eso?" Déjame decirte cómo, ¡porque en realidad es posible! Y en este libro quiero compartir contigo mi experiencia, acerca de cómo inicié mi negocio a la edad de 22 años (con sólo $200 dólares en mi bolsillo) y cómo fui descubriendo la fórmula para lograr mi libertad financiera.

Además de ser esposo y padre, también escribo libros y doy conferencias. He creado varios cursos y seminarios, tanto en línea como presenciales, que han ayudado a miles de personas a alcanzar sus objetivos personales y de negocio.

No es mi intención venderte el discurso del empresario exitoso al que siempre le ha ido bien; de hecho, te diré que durante un tiempo nada me fue fácil. A lo largo de mi vida, he padecido situaciones que no supe en qué momento comenzaron a rebasarme.

Desde muy joven, enfrenté serios problemas debido a mi actitud rebelde y mi bajo desempeño como estudiante. Y sólo después de protagonizar un sinfín de conflictos académicos y disciplinarios, logré titularme como abogado luego de pasar por más de una docena de escuelas diferentes. Te podrás imaginar que aquellos años estuvieron plagados de dificultades, pugnas y choques para mi.

Incluso después de graduarme de la Facultad de Derecho, mis problemas no habían terminado. Estuve profundamente frustrado durante años porque, a pesar de que trabajaba muy duro, no era capáz de crear la estabilidad y abundancia económica a la que aspiraba. Y no sólo eso, tenía serios problemas financieros porque no sabía cómo manejar mi dinero de manera inteligente.

Durante esos años difíciles, me prometí a mí mismo que si conseguía descifrar el acertijo de cómo mejorar mi negocio y mis finanzas personales, ayudaría a aquellos que estuvieran en una posición similar a superar sus obstáculos y organizar su camino hacia el éxito.

Primero, aprendí todo lo que necesitaba saber, luego logré alinear mis pensamientos con mis acciones y un día, comencé a vivir con libertad financiera. Debo advertirte que el éxito cómo éste no sucede de la noche a la mañana. De hecho, me llevó varios años completar el proceso.

Después de alcanzar esa importante meta, me senté a revisar lo que hice bien y por supuesto, lo que hice mal y puse todo en papel. Este libro es el cumplimiento de mi promesa y está dirigido a personas como tú, dispuestas a hacer lo que sea necesario para convertir en realidad sus proyectos de vida.

En estas páginas te hablaré de lo que significa tener un negocio y cómo puede salirse fácilmente de control, si no implementas estrategias apropiadas para manejarlo. También te hablaré sobre la importancia de sistematizar tus labores y de cómo hacer que menos horas de trabajo se traduzcan en mejores resultados para ti.

Pero lo más importante: te hablaré de cómo administrar tu dinero de manera inteligente, para que llegue el día en que puedas elegir trabajar por gusto y no por necesidad.

Este libro no te dirá cómo convertirte en millonario de un día para otro, eso no es real y mucho menos es el objetivo de mi trabajo. Si buscas un manual de cómo producir riqueza en poco tiempo, entonces esta lectura no es para ti. Sin embargo, si lo que quieres es convertirte en el dueño de tu tiempo y controlar tu dinero en lugar de que tu dinero te controle a ti, si buscas tener la capacidad y la libertad para emprender uno o varios negocios y administrarlos como lo hacen los empresarios exitosos, entonces **dile sí al dinero** es la respuesta que estás buscando.

En este libro aprenderás de temas con los que puedes aumentar tu coeficiente financiero, para convertirte en el patrón de tu dinero y no volver a ser su esclavo jamás.

Te invito a que hagas de esta lectura un aprendizaje ameno que te ayude a mejorar tu futuro. Nada me hará más feliz que saber que puedo apoyarte para vencer los obstáculos que te impiden avanzar en tu camino a la riqueza.

Las lecciones que te presento son independientes unas de otras. Como en la vida real, no existe un manual "paso a paso" de cómo vivirla, por lo que puedes leer cada una por separado, sin necesidad de referirte a una lección anterior o posterior para comprenderla.

Te recomiendo ser selectivo con el contenido y sólo poner en marcha aquello que estés convencido que puede mejorar tu situación y acercarte a tus metas. Si algo no se amolda a tus circunstancias ¡modifícalo! tanto como sea necesario. Y lo que no te suene lógico o no aplique a tu situación, simplemente hazlo a un lado y olvídalo.

No pretendo decirte cómo vivir tu vida en el terreno económico, sino compartir experiencias reales que te ayuden a alcanzar la libertad financiera en tus propios términos. En fin, quiero que hagas de este libro un compañero de apoyo para este momento en tu vida, mi principal objetivo es ayudarte a cambiar tu percepción del dinero para atraer riqueza, vivir con abundancia y ser más feliz.

Así que, si estás buscando nuevas formas de pensar y de actuar para alcanzar un nivel superior de vida, te aseguro que los principios y estrategias que estás a punto de descubrir te serán de gran utilidad. Dile sí al dinero y empieza esta emocionante aventura hacia tu éxito financiero.

INTRODUCCIÓN

A ➡ B

Ser rico equivale a tener abundancia y "abundancia" se traduce en tener una vida completa, satisfactoria y feliz. Sin embargo, hay personas que parecen atraer riqueza ilimitada, mientras que otras, igual de capaces y talentosas, sufren de pobreza y carencias durante toda su vida.

Aún cuando los métodos para generar fortuna están al alcance y cualquiera puede aprenderlos y aplicarlos, la mayoría de las personas optan por trabajar intercambiando su tiempo por dinero y terminan pobres.

Crear riqueza no tiene nada que ver con tu educación, capacidad intelectual, talento, entorno social, destreza física y mucho menos con tu suerte.

Cualquier persona, independientemente de sus antecedentes o circunstancias, puede atraer riqueza administrando e invirtiendo inteligentemente el dinero que gana durante su vida, particularmente en su etapa más productiva y cubrir todas sus necesidades cómodamente sin tener que trabajar de nuevo. La respuesta a la pregunta: ¿Cómo puedo enriquecerme y ser libre financieramente? está contenida en las páginas de este libro y sin embargo, se resume en una sola frase:

Tener dinero es el resultado de hacer las cosas de cierta manera.

Aquellos que hacen las cosas de esta manera determinada, ya sea a propósito o accidentalmente, se enriquecen; mientras que aquellos que no lo hacen así, no importa qué tan arduamente trabajen o qué tan capaces sean, seguirán siendo pobres toda su vida. Así de simple.

Es una ley natural que las mismas causas producen los mismos efectos y por lo tanto, cualquier persona que aprenda la teoría de cómo producir riqueza y la lleve a la práctica con esmero y perseverancia, se enriquecerá infaliblemente.

Basado en estas ideas, es claro que volverse rico es más simple de lo que parece, siempre y cuando conozcas y apliques los preceptos y herramientas adecuados.

Sin embargo, sólo porque digo que hacerse rico es simple, no significa que sea fácil. Por ejemplo: "es muy simple bajar de peso, sólo tienes que hacer ejercicio 6 días a la semana y evitar la deliciosa comida chatarra". ¿Ves? Resulta algo simple... pero no está fácil ¿verdad?

Te puede parecer ambicioso, pero lo que te presento en este libro puede ser el vínculo entre el punto en el que estás parado ahora y el lugar en el que quieres estar. No sólo hablaré de preceptos fundamentales para generar riqueza y éxito en tu vida, sino que también te ofreceré consejos prácticos (y casi intuitivos) que yo mismo seguí y que me ayudaron a transformar mis circunstancias.

No te estoy diciendo que creas ciegamente las lecciones que voy a presentarte, tendrás que corroborar por ti mismo si estos principios realmente funcionan. En esta etapa, sólo te pido que me des un voto de confianza y no porque puedas haber oído hablar de mí, o me conozcas personalmente y sepas que estoy diciendo la verdad, sino porque allá afuera hay miles de personas que han logrado cambiar sus vidas, llevando a la práctica los mismos postulados de éxito que expongo en este libro. Si quieres ganar el juego del dinero, generando ingresos suficientes para mantener tu estilo de vida sin tener que trabajar, debes dominar dos aspectos: en primer lugar, la parte teórica, que es elevar tu inteligencia financiera y ajustar o cambiar tus creencias en torno al dinero; la segunda es la parte práctica, aplicando esos nuevos preceptos en tu vida, con disciplina y constancia.

Para comprender la parte teórica, primero debemos definir qué es una teoría. Una teoría es un postulado que predice que algo ocurrirá y que se verifica a través de la experiencia. Si al llevar a la práctica una teoría se producen los resultados previstos, estamos ante una teoría correcta. En realidad, todos nuestros comportamientos se basan en nuestras creencias y dichas creencias no son otra cosa que las teorías predictivas que rigen nuestras acciones.

Por ejemplo, yo puedo tener la teoría de que si hago **A** entonces obtendré **B** como resultado. El problema se da cuando basas tus acciones en teorías incorrectas y no logras los resultados previstos. Por eso, sólo a través de la experiencia de verificar los resultados y efectivamente obtener lo que buscas, sabrás si tu teoría es correcta o no. Sin embargo, cuando crees que algo es verdad, rara vez cuestionas o piensas en la validez de esa creencia e inconscientemente buscas evidencias que confirmen que tienes razón, ya que nadie en este mundo quiere estar equivocado.

La mayoría de las personas se aferra a teorías basadas en una "sensación de saber", en lugar de una evidencia basada en la lógica y la comprobación, y esto hace que sea realmente difícil que cambien su punto de vista.

Para saber si tus teorías en torno al dinero son correctas o incorrectas, simplemente debes echar un vistazo a tu cuenta de banco. Si estás logrando los resultados que buscas en el terreno económico, eso es algo que podrás notar con facilidad y en este caso, debes seguir por el mismo camino. Si no es así, seguramente el problema reside en las teorías en las que basas tus creencias y por lo tanto, tus acciones. En este caso, te invito a revisarlas y cambiarlas.

¿Qué pasa cuando cambias una teoría? Pues las preguntas que te haces para llegar a tu objetivo también cambian. Cambiar tus preguntas cambiará tus respuestas. Al tener nuevas respuestas, llevarás a cabo otras acciones y si realizas acciones distintas, obtendrás resultados diferentes.

¿Qué hace genio a un genio? Lo primero es que formula una nueva teoría con predicciones que la gente no cree y por las que lo consideran loco, pero cuando a través de la práctica corrobora que su teoría es correcta y se producen los resultados previstos, la gente lo admira y lo empieza a considerar genio.

Este libro te enseñará a no tener miedo de hacer las cosas de manera diferente y dar los pasos decisivos para cambiar todo aquello que no sustenta tus metas.

A lo largo de estas páginas, te exhorto a ir a contracorriente y cuestionar las teorías equivocadas en las que muchas personas basan sus actos por considerarlas normales, precisamente cuando se trata de administrar su dinero y generar riqueza. Atrévete a manejar tus recursos de manera diferente, no tengas miedo de no ser considerado "normal".

Para saber si tus teorías en torno al dinero son correctas o incorrectas, simplemente debes echar un vistazo a tu cuenta de banco.

Y no dejes que eso te desanime, cuando seas rico y feliz, aquellos que te criticaron se darán cuenta de que estaban equivocados, e incluso pueden llegar a seguir tu ejemplo y buscar su propio camino de abundancia económica.

Ahora bien, no puedes hacer predicciones de la nada, necesitas la teoría que sustente tu resultado y la buena noticia es que en este libro, te revelaré todas las teorías que conozco y que he comprobado que funcionan para construir riqueza y lograr la libertad financiera.

Sólo recuerda algo: una teoría por más correcta que sea no te servirá para nada si no la llevas a la práctica. Leer este libro y no usar el conocimiento y herramientas que aprenderás, equivale a no haberlo leído nunca. Si no quieres terminar donde empezaste, reprograma tu cerebro con la sabiduría adecuada y toma acción hasta que consigas lo que quieres.

Es posible que hayas escuchado la frase "el conocimiento es poder", pero esto no es del todo cierto. El conocimiento por sí mismo es inútil, el "saber hacer" te permite hacer algo, pero sólo se convierte en verdadero poder cuando efectivamente aplicas esa sapiencia. La frase correcta debería de ser: "El conocimiento es poder siempre y cuando lo apliques". "Saber algo" es una cosa y "hacer algo" con ese saber, es otra muy distinta.

Lo que buscas en la vida, incluyendo tu prosperidad económica, está ahí afuera esperándote. Así que no seas como la mayoría de las personas que se jactan de lo que saben, pero en realidad nunca toman acción para aplicarlo a sus propias vidas.

No lo pienses más: Dile sí al dinero y da el primer paso hacia una vida de abundancia. Mi predicción es que si aplicas las teorías que aquí te presento, tu también puedes construir tu riqueza.

CAPÍTULO 1

TODO COMIENZA CON UN VIAJE

Hace algunos años, asistí a una conferencia de negocios del más alto nivel en Las Vegas. Yo no pertenecía al gremio organizador, ni hacía negocios dentro de esa industria, pero estaba cansado de mi negocio y de todo lo que lo rodeaba, así que fui allí en busca de alternativas comerciales totalmente distintas, para darle un giro radical a mi vida.

El evento fue un éxito que superó con creces mis expectativas. Presentaba las mentes más brillantes en el mundo de los negocios a nivel global, algo que cualquier inversor o empresario querría ver en acción.

Estaba entusiasmado con todo lo que aprendí de personas que juegan en grande. Si no has estado en un evento así, te lo paso al costo: los empresarios de alto calibre no hablan de dinero, sino de agregar valor a sus productos y servicios, de ideas disruptivas para reinventar el mundo y construir un mejor futuro. Para ellos el dinero es un concepto abstracto, es algo así como la consecuencia de hacer las cosas bien, paso a paso. Es una herramienta, un medio, pero nunca un fin.

Al terminar el congreso, mi esposa y yo nos dirigimos al aeropuerto en nuestro coche alquilado. Como todavía era temprano para nuestro vuelo de regreso, hicimos una parada para estirar las piernas y comer algo. Sin planearlo, nos detuvimos en una librería.

Mientras caminaba por los pasillos colmados de libros, pensaba en la época tan difícil que estaba pasando. Cómo te comenté, había iniciado una búsqueda de alternativas que me ayudaran a encontrar un nuevo camino y un destino más prometedor. Estaba perdido y necesitaba un cambio sustancial.

También estaba experimentando un problema financiero. A pesar de que me iba muy bien en mi negocio, cuando llegamos a la cima del éxito, la situación superó mis habilidades financieras y el mal manejo del dinero se convirtió en mi peor pesadilla.

Había convertido a mi compañía en una de las productoras y organizadoras de eventos más prestigiosas de México. Brindábamos nuestros servicios a todo tipo de empresas nacionales y extranjeras, que aprovechan el enorme potencial de los eventos especiales para llevar a cabo las estrategias de marketing más vanguardistas.

Contaba con un equipo comprometido, capaz y suficiente, junto a una impresionante infraestructura que nos permitía resolver prácticamente cualquier necesidad de cualquier magnitud, con increíble presteza. Siempre he estado agradecido de que las cosas en mi empresa funcionaran tan bien en cuanto al alto nivel de satisfacción que proporcionamos a nuestros clientes.

Durante los meses que precedieron a ese viaje, justo cuando pensé que me encontraba en el punto más alto de mi carrera, empecé a darme cuenta de que mi vida como dueño de negocio se estaba saliendo de control: Trabajaba 12 horas al día, seis días a la semana, y ni siquiera podía programar mi día de descanso.

En promedio, laboraba 320 días al año.

Desde que comencé mi empresa en la universidad, me acostumbré a trabajar a un ritmo frenético, no sólo para mantenerla a flote, sino que además debía pagar la colegiatura y alcanzar mi meta de convertirme en abogado, por lo que trabajar así se convirtió en mi ritmo habitual durante años.

Como muchos empresarios novatos, seguía pensando que el éxito de mi empresa dependía de las horas que invirtiera trabajando en ella, convencido de que, si no le dedicaba el cien por ciento de mi tiempo, todo se vendría abajo.

Dado que mi negocio se centró en lograr el más alto nivel de satisfacción de los clientes y atender sus diversas necesidades de manera inmediata, trabajé con un nivel de estrés sin precedentes. Todo eso para que, según mi opinión, el negocio marchara a la perfección, creciendo y produciendo sin detenerse. De hecho, el negocio funcionó como un reloj suizo, pero el tiempo que esa maquinaria usaba era mi vida. Y se sentía como una cuenta regresiva, segundo a segundo, acercándose al cero.

Un buen día, en medio de la ejecución de un evento, me encontraba coordinando las acciones de mi equipo de producción, detrás de una pantalla gigante en un escenario. Estaba sumamente concentrado en veinte cosas a la vez, sin desatender ninguna. Es la misma sensación —supongo— que tiene un director de orquesta cuando dirige la ejecución de una sinfonía.

De repente sentí un terrible dolor en mi pecho. No era la primera vez que experimentaba este tipo de dolor. Días antes, me atacó una terrible punzada en el corazón mientras esperaba a uno de mis clientes en una sala de juntas. Estuve paralizado durante varios minutos con algún tipo de taquicardia. Fue una experiencia que me dejó inquieto y muy preocupado.

Esta segunda vez, sin embargo, el dolor se volvió tan insoportable que me derrumbé en el piso detrás del escenario, emitiendo un fuerte quejido. No podía intentar levantarme y pensé que estaba experimentando un paro cardiáco.

Debido a que el espectáculo continuó a mi alrededor sin que nadie me notara, sentí como si me estuviera ahogando dentro de una gran pecera. El único pensamiento que pasaba por mi mente en ese momento era "me estoy muriendo, estoy detrás de una mega pantalla donde dos mil ojos concentran su atención y no saben que oculto tras ella, me estoy debatiendo entre la vida y la muerte".

Poco a poco recuperé el sentido. Escuché aplausos y voces de júbilo por lo que sucedía del otro lado en el escenario, mi respiración se hizo normal.

Instruí a un coordinador para que se hiciera cargo del evento y tan pronto como me restablecí, pedí a uno de mis colaboradores que me llevara con suma discreción al hospital. Ni mis clientes ni los asistentes se percataron de lo sucedido. De hecho, tardé varios años en confesarle a mis seres queridos más cercanos, que en aquella ocasión sentí que iba a morir.

Por increíble que parezca, esa noche en particular no estaba preocupado por mi salud tanto como lo estaba por que el evento saliera perfecto. Supongo que esta es la actitud que adoptas cuando te conviertes en un adicto al trabajo, un "trabajólico".

Después de una revisión por parte del médico y varios estudios, los resultados descartaron que fuese algo grave. Sin embargo, el doctor me dejó muy claro que si no reducía drásticamente mi ritmo de trabajo y cuidaba mi salud, podría sufrir otro episodio similar con consecuencias lamentables.

Le dije que haría lo posible, pero él insistió con un comentario que pretendía ser una broma, pero que no me pareció nada gracioso: "Si no se cuida, señor Zurita, el próximo evento al que asista será el de su funeral".

Hacía tantos años que no le prestaba atención a mi salud, que ya no recordaba qué era hacer ejercicio, pasar tiempo libre con mi familia o cualquier otra cosa que hiciera que la vida valiera la pena.

Había perdido de vista uno de los aspectos que ahora considero fundamentales, como la importancia de mantenerse saludable y estar en equilibrio. Me di cuenta de que mi trabajo me había convertido en un esclavo. Definitivamente era el momento de un cambio.

De forma inconsciente, la estructura y logística operativa de mi empresa estaba diseñada para que, si por alguna razón me pasaba algo, ésta dejaría de existir en poco tiempo. La había vuelto totalmente dependiente de mí. Grave error.

Sin embargo, esa no era tampoco mi principal preocupación: lo que realmente me puso en estado de *shock* fue pensar que si algo me sucedía, no sólo la empresa se vendría abajo, sino que dejaría a mi familia sin medios para sostenerse. Entonces, ¿qué sentido tenía todo esto, si las personas por las que estaba luchando día con día para darles un mejor futuro, se quedarían desamparadas cuando yo no estuviera? La sola idea aumentó aún más mi nivel de ansiedad.

Todo esto ocurría en mi cabeza mientras deambulaba entre los estantes de la librería. En tanto que mi esposa buscaba algún libro de recetas de cocina y tarjetas navideñas, yo buscaba entre los títulos respuestas a mis interrogantes. Mis sentimientos eran de impotencia y desesperación. Sabía que tenía que hacer algo para cambiar mi rumbo y no tenía ni la menor pista de hacia dónde encarrilarme.

Después de un rato de escarbar entre las repisas, tomé una nutrida selección de libros con una amplia variedad de títulos y temas: desarrollo personal, marketing, ventas, motivación, negocios por Internet, inversiones, bienes raíces, bienestar, liderazgo, espiritualidad y educación financiera. No estaba seguro de qué me podría servir ni por dónde iniciar. Vaya, que ni siquiera sabía qué iba a hacer con mi vida y mi negocio, pero después de que el exceso de trabajo me envió al hospital y luego de haber asistido a esa conferencia, me quedó claro que mi mejor opción era reinventar mi realidad, haciendo un cambio contundente en mi vida.

Al momento de pagar por los libros, mi esposa se sorprendió un poco y me preguntó: «A qué hora piensas leer, si todo el tiempo estás ocupado» Le contesté: «Para eso voy a leerlos, para aprender a tener tiempo»

Salí de ahí como un niño con juguetes nuevos. No es que fuera un devorador de libros, pero me emocionaba tener herramientas para combatir la incertidumbre por la que atravesaba.

Ese día, sin saberlo, comencé a través de esas lecturas un proceso profundo de transformación interna que hasta hoy no ha concluido. No era un lector asiduo, pero empecé a serlo y no por pedantería intelectual, sino porque realmente disfrutaba lo que leía.

No sirve de nada saber algo si nunca lo pones en práctica.

Leí mucho y a todas horas. Escuché audiolibros mientras conducía y cuando hacía ejercicio. Mi proceso de aprendizaje no se limitó a la lectura. Atendí un sinfín de cursos y conferencias con los temas más diversos, me convertí en ese asistente que hace todas las preguntas, que no se contenta con la primera respuesta y participa en casi todos los debates.

También me interesé en la tecnología. Gracias a todos los cursos relativos a negocios por Internet que tomé, aprendí el equivalente a una carrera de Marketing en Línea. Con la instrucción que recibí y toneladas de trabajo de por medio, lancé varios infoproductos que todavía hoy, me siguen generando ingresos. A través de mis nuevos conocimientos de negocios en línea, aproveché las herramientas más recientes que no mucho tiempo atrás hubieran parecido imposibles y me integré con éxito en la nueva economía. Jamás imaginé que una simple idea derivada de una lectura, un curso por Internet o asistir a un seminario en vivo, pudiera mover a la acción de una manera tan definitiva, como para generar un giro decisivo en la vida de una persona.

Descubrí que este fenómeno de lograr un cambio profundo sólo se da bajo dos condiciones simultáneas: 1) cuando la mente está receptiva a nuevas formas de pensar y 2), cuando se aplican de inmediato las nuevas herramientas adquiridas.

Lo diré de nuevo, como lo hago a menudo en mis seminarios: de nada sirve saber algo si nunca lo pones en práctica. Si me hubiera llenado de libros, cursos y conferencias, sin tomar acción en el mundo real, no hubiera logrado ningún avance. Por eso es fundamental pasar de la teoría a la acción decidida. Así, cuando ya había ampliado mi perspectiva, di ese primer paso hacia un nuevo destino:

Le dije a mi equipo que estaba por cerrar la compañía y luego la cerré gradualmente. Durante este proceso, me aseguré de compartir con mi gente todo el "saber hacer" de mi empresa, contenido en nuestros manuales operativos y les concedí permiso para usarlos a su discreción y para su beneficio. Ofrecí a los interesados todo lo que había en mis bodegas a precios de remate y les di un curso intensivo de ventas para que pudieran lanzar su propio negocio. La mayor parte se consolidó en otro sector y al menos una docena de ellos aprovecharon esta oportunidad y decidieron lanzar su propio negocio en la industria de los eventos.

¿Has escuchado a esas personas que sueñan con quemar las naves, dejar todo atrás y empezar una vida nueva? Bueno, pues yo lo hice, por ese entonces ya tenía un nuevo sueño y no descansaría hasta lograrlo. Me había propuesto con la totalidad de mi ser lograr una sola meta: alcanzar mi libertad financiera.

Algunas personas pensaron que me había vuelto loco cuando cerré un negocio exitoso que había construido con tanto empeño. Podrían haber llegado a la conclusión de que esos libros de autoayuda y espiritualidad me habían afectado o que sufría una crisis de la edad. No me importó lo que pensaran. Nunca terminarás de darle gusto a toda la gente y si te preocupas demasiado por lo que opinan los demás de ti, no estás pensando inteligentemente. Así que no hice caso y simplemente continué con mi obsesión por lograr mi única meta.

El camino hacia ese objetivo nos llevó a mí y a mi familia a mudarnos a una nueva ciudad, San José del Cabo, con un mundo de oportunidades por delante. Era mi momento de la verdad. Tuve que empezar de cero, otra vez, pero ahora podía aplicar lo aprendido para no repetir mis errores. La pregunta era: ¿Estaba preparado realmente? Para ser franco, estaba completamente muerto de miedo. Sin embargo, nunca en mi vida me sentí más libre y más a cargo de mi destino.

Si has llegado hasta aquí, también debes estar buscando algo nuevo. Si tienes un sueño que te motiva, entonces cree que puede hacerse realidad. Sé de lo que estoy hablando.

Siempre y cuando mantengas ese sueño en tu mente y pongas toda tu atención en lo que voy a compartir contigo, dejará de ser un sueño para convertirse en un objetivo y finalmente en un logro.

¿QUÉ ES LA RIQUEZA?

Riqueza significa abundancia, pero puede representar algo diferente para cada persona. Cada uno de nosotros tenemos nuestro propio concepto de riqueza. Para algunos, puede significar autos de lujo, mansiones, disponer de una enorme cuenta bancaria y cualquier cosa que los haga ver y sentir bien. Para otros significa seguridad financiera a largo plazo.

Riqueza puede definirse como tener una familia, encontrar la pareja ideal o contar con una red de personas que te apoya para alcanzar tus metas más fácilmente. También puede significar poder pasar tiempo haciendo lo que más te gusta.

Al mismo tiempo, hay mucha gente que pasa su vida realizando intercambios que no tienen mucho sentido: invierten gran parte de su vida haciendo lo que quieren, pero aún así sufren la carencia de dinero; otros logran dinero en abundancia, pero ejecutando labores que detestan.

Dependiendo de cómo definas personalmente la riqueza, puedes estar más cerca o más lejos de lograr estabilidad financiera. Algo que aprendí después de varios años de reveses económicos, es que es un error medir la riqueza sólo en función de acumular cosas de valor material, porque lo material son simples medios y no un fin último. Para mí, riqueza es todo aquello intangible y valioso en sí mismo que produce una satisfacción interna y un sentimiento de felicidad. También considero riqueza el haber construido un sistema económico que me genera ingresos pasivos y me permite elegir trabajar por elección, en lugar de por necesidad.

Es cierto que necesitas solvencia económica para plantearte una buena vida, formar una familia sana y tener comodidades y lujos a tu alcance. Pero "más dinero" no siempre te hará "más feliz". El dinero sólo compra la felicidad hasta cierto punto. Después de eso, más dinero no hace ninguna diferencia en lo feliz que te sientes. La verdadera fortuna radica en tener otras cosas intangibles y tiempo para hacer lo que quieras libremente, sin tener que preocuparte por pagar tus cuentas a tiempo.

El dinero sólo compra la felicidad hasta cierto punto. Más allá de eso, más dinero no hace ninguna diferencia en lo feliz que te sientes.

En resumen, si algo debe quedar claro para nosotros, es que felicidad, plenitud y riqueza, son conceptos subjetivos y muy personales. No puedo influir en los tuyos, pero sí que puedo contribuir en la forma en que los obtengas, dotándote de herramientas para manejar y desarrollar ese aspecto de la riqueza que constituye uno de los 4 pilares que busca todo mundo: **el dinero**.

Déjame explicarte.

Durante mis seminarios, suelo preguntar a mis alumnos qué desean en la vida y siempre responden cuatro cosas: salud, dinero, amor y felicidad. Sabemos que estos temas son fundamentales para todo ser humano, pero lo triste es que, independientemente del impacto que tienen a lo largo de nuestra existencia, no te enseñan en la escuela cómo lograrlos. Este libro se centrará en el dinero y la relación que cada uno de nosotros tiene con él. Para mí, la educación financiera es el pilar más importante para crear riqueza y es crucial para acelerar tu camino al éxito, no sólo en lo material, sino también en otras áreas de tu vida.

No tengo reserva alguna en asegurar que el dinero, en efecto, brinda felicidad hasta cierto punto y que a partir de tener una posición económicamente cómoda, se pueden perseguir sueños más altos, dar lo mejor a tus seres queridos, compartir lo que tienes, dejar un legado y muchas cosas más.

Desde una perspectiva económica, es posible calcular tu riqueza por "la cantidad de días que puedes sobrevivir si dejas de trabajar mañana", así lo define Robert Kiyosaki en su libro "Padre Rico, Padre Pobre".

Piénsalo por un segundo: ¿cuántos días puedes sobrevivir si dejas de trabajar mañana? La mayoría probablemente responderá 30 ó 90 días, algunos incluso pueden tener la suerte de vivir así durante seis meses.

Si estamos de acuerdo con esta definición de riqueza, entonces la respuesta de una persona realmente rica sería "indeterminado", es decir, podría vivir hasta el final de sus días, manteniendo su estilo de vida sin trabajar. Esto tiene sentido porque estará generando ingresos constantemente, aunque no trabaje.

Si quieres sobrevivir hasta el final de tus días sin tener que trabajar por dinero, si estás buscando ser financieramente libre, empieza a manejar tu dinero con inteligencia. ¿Qué quiero decir con esto? Si dices que quieres ser rico, entonces será mejor que pongas tu capital, ahí donde éste ponga más capital de regreso en tu bolsillo y no al contrario.

La clave de este simple concepto, es construir un negocio que llegue a producir ganancias y a partir de ese punto, lograr que no demande el mismo esfuerzo de tu parte, pero que te siga produciendo ingresos. Independientemente de si te genera mucho o poco dinero, lo más importante en este momento, es que compruebes que es posible generar ganancias de la misma manera en que lo hacen los ricos, es decir, sin que ello dependa de tu intervención directa ni tu tiempo. Acto seguido, tu reto es ganar las cantidades que te harán rico. En ese orden: primero entiende la forma de generar ingresos y luego trabaja en construir tu riqueza.

Tener un negocio rentable que no exija mucho esfuerzo de ti, es el primer paso hacia tu libertad financiera.

Pregúntate esto; ¿cómo puedo hacer un mejor uso de mi dinero para generar ingresos, sin invertir tanto tiempo y esfuerzo? Si tus ingresos están limitados por tu tiempo, entonces tu capacidad para lograr tu libertad financiera también lo estará. Si las horas de una persona que batalla con el dinero son exactamente las mismas que las horas de alguien rico, entonces, ¿qué las diferencia? Muy simple: unos trabajan inteligentemente y otros sólo arduamente.

Por muchos años creí que el dinero solo provenía de trabajar duro, por eso es que lo único que se me ocurría para ganar más, era trabajar más arduamente y si lograba mi objetivo mediante esa estrategia, mi creencia inicial se validaba y yo quedaba aún más convencido de ella, a pesar del enorme desgaste que eso significaba para mí.

Así fue hasta que desafié esa creencia y vi las enormes oportunidades de hacer dinero trabajando inteligentemente, en lugar de arduamente. A lo largo de este libro, te daré varios ejemplos de cómo trabajar de ésta manera para aprovechar mejor tu tiempo.

Mientras tanto, te invito buscar una nueva manera de utilizar tu capacidad y recursos existentes, para generar un canal de ingresos adicional, pero con menos esfuerzo de lo que haces de manera cotidiana. Deja de ser mecánico, expande tu visión y adquiere nuevas habilidades y conocimientos.

Cuando alguien me pregunta si es necesario tener un negocio para ser rico o millonario, mi respuesta es ¡SÍ! Y a pesar de ello, hay quien todavía cree en la vieja sabiduría convencional de ir a la escuela y conseguir un buen trabajo para vivir bien. Lo peor del caso es que además de vivir con esa vana esperanza, hay quienes incluso confían en su fondo de retiro, aún cuando no es difícil reconocer que hoy en día ese método ya no funciona y de hecho, casi nunca funcionó.

La mayoría de las personas nunca llegarán a ser financieramente libres y una de las razones de esto, es que tienen un trabajo en lugar de un negocio. Así pues, debes posicionarte para obtener riqueza y la manera de hacerlo es teniendo un negocio propio, que te permita incrementar tus ingresos sin depender directamente de tu tiempo.

EL SECRETO DE HACER MÁS CON MENOS

¿Has oído hablar del apalancamiento? Este es uno de los conceptos que me gusta enseñar en mis seminarios. Se puede explicar mucho mejor con el siguiente ejemplo:

Imagina que bajo una enorme piedra de, digamos, una tonelada, se encuentra un saco lleno de dinero, ¿qué harías para obtenerlo? ¿Intentarías levantar la piedra con tus propias manos? Estamos hablando de una tonelada y el record mundial de levantamiento de pesas no llega ni a la mitad de eso, por lo tanto ¿qué harías para mover esa piedra?

Probablemente intentarías conseguir una enorme barra de metal para encontrar un punto de apoyo, mover la roca y sustraer el saco de dinero. El apalancamiento es uno de mis conceptos favoritos, porque resulta fundamental para tener éxito en los negocios. No es una idea abstracta ni compleja, significa simplemente: "Hacer más con menos".

Apalancamiento significa: "Hacer más con menos".

¿Recuerdas cómo en el subibaja podías levantar el peso del otro extremo, aplicando un esfuerzo muy inferior? Así funciona el apalancamiento.

En los negocios, apalancarse se refiere a producir más y mejores resultados, utilizando menos recursos en menor tiempo. Si no utilizas el apalancamiento, seguirás trabajando muy duro y ganando muy poco. El apalancamiento también significa pedir dinero prestado para iniciar un proyecto, y en ese sentido, se refiere a utilizar los recursos de un tercero para lograr lo que quieres, que es otro significado de este poderoso concepto.

La aplicación de apalancamiento en tu negocio, comienza con ser capaz de poner a otra persona desempeñando tus funciones, sin afectar la calidad del resultado. Resuelve tu problema de apalancamiento respondiendo a la pregunta: ¿Cómo puedo aportar valor a mi negocio y ganar más, sin estar presente todo el tiempo?

El verdadero valor del apalancamiento es ganar tiempo. Cuando puedes hacer más cosas en menos tiempo, estás en la posición perfecta para crear riqueza.

La siguiente matriz explica claramente la relación tiempo/dinero, lo que te será muy útil para entender que tu negocio debe basar su crecimiento en la idea de hacer más con menos, para acelerar tus resultados y no afectar tu vida.

MATRIZ DE RELACIÓN TIEMPO/DINERO

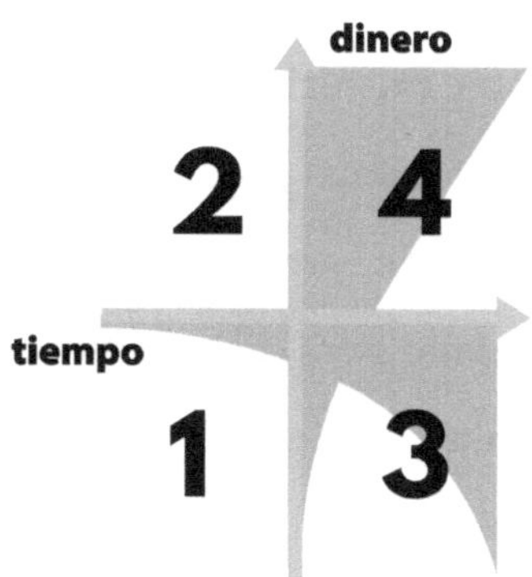

1. *No tienes tiempo ni dinero* – Este es probablemente el peor de los casos. Trabajas duro y casi nunca tienes dinero, porque tal vez todo va hacia el pago de tus gastos de vida. En este cuadrante, tan pronto como dejas de trabajar, pierdes tus ingresos. Las personas en esta situación creen que sólo trabajando duro y durante muchas horas, lograrán algún día su libertad financiera, incluso si su realidad les dice lo contrario.
2. *Tienes dinero, pero no tiempo* – Este es el caso de muchos propietarios de negocios. Sus ganancias son directamente proporcionales a su falta de tiempo. Esto sucede con frecuencia cuando confundimos el fin con los medios. Por ejemplo: ¿Por qué queremos mucho dinero? "Para permitirnos comprar esa casa o aquel automóvil", respondemos. Pero ¿cuál es la verdadera razón

para querer eso? Cualesquiera que sean las respuestas, todo se resume en una palabra: felicidad. Ese es el fin último y para conseguirlo, requerimos de algunos medios como el dinero; pero ¿cómo puede ser feliz alguien que no dispone de tiempo para disfrutar de sus bienes? Y peor aún, ¿si no puede hacerlo en compañía de la gente que ama?

3. ***Tienes tiempo, pero no dinero*** – Esta es también una situación poco favorable. Tener tiempo libre pero sin dinero, sólo puede significar una cosa: falta de productividad, aún cuando se tiene todo el tiempo del mundo para serlo. Sobra decir que esta es una situación muy riesgosa y que si te encuentras en ella, te sugiero cambiarla aprovechando tu tiempo para producir más dinero, pero con inteligencia. Sigue leyendo por qué este libro trata precisamente de eso.

4. ***Tienes tiempo y dinero***– Este es el escenario en que la mayoría deseamos estar, porque te permite tener equilibrio sin preocuparte por temas económicos. En esta sección puedes vivir con comodidades y disfrutar de tu tiempo libre. También te abre la puerta a compartir y devolverle al mundo algo de lo que te ha dado. Sin duda tus esfuerzos deben encaminarse a este cuadrante.

¿CÓMO LLEGAS A ESTE CUADRANTE?

Yo estaba en el cuadrante 2; Me faltaba tiempo pero no dinero. Así que comencé mi estrategia para pasar al cuadrante 4, y el primer paso que tomé fue aplicar el apalancamiento en mi negocio y mi vida. Más adelante te mostraré varias maneras en las que tú también puedes aplicar el apalancamiento.

Piensa en cómo puedes aprovechar este concepto para transformar menos tiempo de trabajo en mayores ingresos. Si aún no lo has hecho, asómate al mundo del apalancamiento a través de la tecnología, descubre las formas en que otras personas están produciendo dinero aprovechando las herramientas basadas en Web que hoy tienes a tu alcance, y toma ideas para hacer algo similar.

CUATRO CLAVES PARA CREAR RIQUEZA

En primer lugar, debes tener un negocio propio que pueda proporcionar tu producto o servicio mejor que tus competidores.

En segundo lugar, debes tener productos únicos y altamente consumibles. Esto asegurará ventas repetidas y generará más ingresos. No vendas productos que no tengan una alta demanda, o que todo mundo ofrece sin ninguna diferenciación.

En tercer lugar, construye tu éxito sobre la base de vender más cada vez. No es suficiente que tu producto sea altamente consumible y esté diferenciado, debes llegar a un público más amplio, sirviendo a más personas a través de lo que vendes.

Y por último, aprende a usar el concepto de apalancamiento.

LA MEJOR HERRAMIENTA DE APALANCAMIENTO QUE EXISTE

El Internet está al alcance de todos los negocios y como tal, debes aprovecharlo. Si utilizas la tecnología a tu favor, estás aplicando una de las formas más poderosas de apalancamiento: ***la automatización.***

El apalancamiento es un concepto de negocio muy poderoso y a continuación encontrarás varios ejemplos para comprenderlo mejor.

Aplicas el apalancamiento cuando:

- **Usas talentos, habilidades, contactos, credibilidad y recursos de otras personas para lograr lo que quieres.**
- **Utilizas la tecnología para aumentar tu velocidad y eficiencia.**
- **Tienes una presencia exitosa en redes sociales por lo que eres visto por miles —o millones— de personas de forma gratuita, o a un costo relativamente bajo.**
- **Utilizas los endosos de celebridades para tener más proyección. Relacionarte —tú y tu marca— con gente importante, siempre será un buen modo de impulsar tu imagen ante tus clientes.**

- Vendes productos antes de tenerlos o antes de pagar por ellos, para invertir menos.
- Usas lo que ya tienes, aprovechas lo que sabes y lo aplicas a lo que haces, multiplicando tus resultados.
- Reclutas al mejor talento a precios bajos, ofreciendo a cambio un porcentaje atractivo, basado en resultados.
- Obtienes lo mejor de cada colaborador capacitándolo adecuadamente, para que haga bien su trabajo desde el primer día.
- Logras la mejor versión de ti mismo, actualizándote y expandiendo tus conocimientos constantemente.
- Aprovechas el conocimiento de otros y ahorras tiempo.
- Franquicias, licencias y concesionas tu negocio, transfiriendo tu "saber hacer" para generar ingresos pasivos.
- Optimizas tu tiempo realizando sólo lo importante y enfocado en tus resultados.
- Te enfocas en actividades que generan ingresos y no en cómo hacen su trabajo tus colaboradores (para eso los capacitaste, ¿recuerdas?).
- Adoptas como método de trabajo el de siempre hacer lo mejor, invirtiendo menos y ganando más.

¿QUIERES HACER DINERO?

Nadie debería trabajar toda su vida para ganar dinero para vivir y sin embargo, la mayoría de las personas lo hace desde una edad muy temprana y hasta que son viejos, sólo para jubilarse pobres, con pocos o nulos ahorros.

Es normal que tengamos una gran lista de sueños antes de llegar a los 20 años. Sin embargo, vemos a nuestros padres trabajar con gran ímpetu, y los maestros nos dicen que debemos tener buenas notas para que nos vaya bien en la vida, lo que en mi opinión a la larga resulta ser un gran timo:

Estudiar y obtener buenas calificaciones no resuelve el problema del dinero.

También nos enseñan que ser exitoso resulta de ser muy trabajadores: Empezar temprano, trabajar muy duro todo el día, comer, dormir y repetir el ciclo indefinidamente. Esto también es una gran mentira. Créeme, **trabajar arduamente todo el tiempo no resuelve nada con respecto a tener mucho dinero.** Caí en esa trampa y casi me cuesta la vida.

Aquí hay otra idiosincrasia. Cuando vemos prosperar a un amigo o conocido, solemos decir: "Debe tener mucha suerte". No nos damos cuenta de que tendemos a racionalizar lo que no podemos obtener. Atribuir el éxito de los demás a la mera suerte, es uno de los pretextos favoritos de muchos, para no asumir la responsabilidad de triunfar en la vida a través de sus méritos.

Esto también es un hecho: **Jugar en la lotería tampoco funciona**. Muy pocos ganan y obtienen estabilidad financiera de esta manera.

Las alternativas se reducen conforme vamos envejeciendo. Nuestros sueños se desvanecen y se vuelven más distantes, por lo que muchos en el camino se dan por vencidos.

Las estadísticas muestran que a los 65 años, el 35% de nosotros habremos muerto, el 55% dependerá de otros para sobrevivir, el 5% todavía tendrá que trabajar para ganarse la vida, el 4% será económicamente independiente y solo el 1% estará disfrutando de la riqueza.

Parece increíble que sólo el 1% tenga los medios financieros para vivir bien en la vejez, y estoy seguro de que este porcentaje es aún menor en muchos países. ¿Y sabes de qué manera crean riqueza el 1%?

De esta cifra, el 75% lo hace a través de tener su propio negocio, 10% son profesionales, otro 10% son directores y altos ejecutivos y para el resto, proviene de otras fuentes.

Por lo anterior, si quieres pertenecer al 1% de los que viven con mucho dinero y llegan a la tercera edad sin preocupaciones económicas, debes pensar en tener tu propio negocio, por la simple y sencilla razón de que **ser dueño de tu propio negocio** es la única de estas 4 opciones que sí funciona.

ENRIQUECERSE PUEDE SER ALGO SIMPLE

Cualquier cosa simple no tiene complicaciones, pero construir un negocio rentable es muy complicado. Sin embargo, una vez que logras descifrar la clave de cómo hacer mejores negocios y administrar tu dinero con inteligencia, enriquecerse resulta muy simple.

Los medios y las películas proyectan una imagen romantizada de los grandes empresarios, donde tener un negocio conlleva una vida glamorosa: viajar por el mundo, codearse con otros magnates, celebridades y genios de la tecnología. En general, rodearse de lujos ilimitados. Pero las cosas no son así en la realidad.

Una compañía es un excelente vehículo para hacerte rico; pero levantarla —y mantenerla productiva— cuesta más de lo que te imaginas.

Para empezar, se requiere de una inversión de capital inicial. En segundo lugar, siempre habrá un nivel de riesgo y la competencia es cada vez más feroz. Hoy más que nunca los negocios abren y cierran sus puertas en tres patadas y para mantenerse a flote, es muy común escuchar a los dueños lamentarse de que no tienen tiempo ni para ir al baño (no es broma).

Trabajan los fines de semana y es común que casi nunca vean a sus parejas ni a sus hijos. Tampoco pueden tomar vacaciones sin preocuparse constantemente por su negocios en casa, mientras están fuera.

Estos son los típicos empresarios del segundo cuadrante: tienen dinero, pero nunca el tiempo suficiente para disfrutar de él. Trabajan excesivamente. Incluso si contratan personas para ayudarles a reducir su propia carga de trabajo, es común que terminen con más dolores de cabeza y más problemas de los que pueden soportar, ya que no tienen procedimientos claros de reclutamiento, selección y capacitación. Contratar profesionales sin el perfil necesario y la instrucción adecuada, se convierte en un problema en lugar de una solución.

Pero a pesar de los enormes retos que supone ser exitoso en los negocios, este es el mejor vehículo para producir y acumular riqueza.

La clave del éxito está en sistematizar tu negocio, para hacerlo eficiente y sea capaz de operar sin ti.

Aquí es donde la matriz de tiempo y dinero cobra sentido; si tienes dinero, pero no suficiente tiempo, estás a sólo un cuadrante de lograr el equilibrio perfecto. Sin embargo, es importante ver la sistematización como algo más que una sugerencia para tu negocio. Debes convertirla en un proyecto impostergable, si quieres que tu tiempo y dinero se balanceen en total equilibrio.

Me resulta casi imposible entender a aquellas personas que viven sus vidas quejándose de su situación, pero nunca hacen nada para mejorarla. La razón más obvia que encuentro es que no están dispuestos a desafiar su comodidad, por lo que prefieren quedarse donde están, incluso a costa de vivir vidas estresantes y sin tiempo libre. Corren el riesgo de llegar a la vejez sin bienes ni ahorros, con la esperanza de que alguien se ocupe de ellos. Muchos prefieren no interrumpir un presente "fácil", e ignoran el hecho de que cada día están preparando el escenario para un futuro difícil.

Entonces, la pregunta que te hago es muy simple: ¿En qué cuadrante de la matriz de tiempo y dinero quieres estar? Independientemente de tu respuesta, si estás leyendo este libro asumo que aún no estás dónde quieres y mi recomendación es muy sencilla: da el primer paso hacia la sistematización de tu negocio y no te detengas hasta llegar allí.

¿MENTALIDAD DE CONSUMIDOR O DE INVERSIONISTA?

Mi padre era arquitecto; fundó una constructora que manejó con éxito durante varios años, hasta que la economía dio un giro que afectó su negocio. Junto con mi madre, trabajaron muy duro para inculcarnos valores a mis hermanos y a mi.

Si nunca nos consintieron con lujos materiales, fue porque para ellos eso no era tan importante y tampoco les era posible darnos todo lo que hubieran querido.

Cuando eres un adolescente no puedes ver el alcance de los sacrificios que tus padres hacen por ti. A esa edad no era lo suficientemente maduro para entender lo importante que es vivir con austeridad, ser capaz de sobrellevar y resolver creativamente los problemas económicos que tu familia puede llegar a enfrentar.

Tuve ciertas comodidades pero pocos lujos. Aprendí a usar el transporte público y apreciar al máximo mis posesiones. Nuestras vacaciones siempre fueron divertidas, aunque moderadas. Por entonces pensaba que debíamos ir a más viajes familiares y salir de compras con más frecuencia.

El no poder hacerlo me mantuvo un poco molesto y frustrado durante algún tiempo.

También pensaba que debía tener mi propio auto. Mis dos hermanas y yo compartíamos un coche, éramos los hermanos mayores (el menor aún no manejaba) y aprendimos a negociar y aceptar usarlo por igual, aunque el tema nunca dejó de ser un dolor de cabeza.

Cualquier niño, siendo de mentalidad infantil, quiere recompensas inmediatas. Desconoce el valor de los sacrificios y sólo demanda las cosas que desea para ¡ya! No puede ni quiere esperar y esta actitud —lo que yo llamo la mentalidad de consumidor— permanece en muchas personas a lo largo de su vida. Por otro lado, el adulto, si es lo suficientemente maduro y consciente, define un plan, una estrategia que **siempre implica retrasar la recompensa inmediata, a cambio de recibir un mejor premio más adelante.**

La madurez implica sacrificar una gratificación momentánea e inmediata, por algo más valioso y duradero que llegará posteriormente, y esto es lo que yo llamo la mentalidad de inversionista.

¿Alguna vez te has preguntado qué tipo de mentalidad rige tu vida económica? ¿Es una mentalidad de consumidor o una mentalidad de inversionista?

Cualquiera que sea tu respuesta, lo cierto es que la mayoría de las personas pasamos la vida en una larga búsqueda de la felicidad. A cierta edad tenemos deseos que buscamos cumplir a toda costa. El problema es que una vez satisfecho un deseo, éste tiende a ser reemplazado por otro nuevo y bajo este esquema, nunca logramos sentirnos realizados.

Formar a un hijo en la moderación y el sacrificio, tiene sus ventajas. Pienso que los lujos, obtenidos de inmediato y sin esfuerzo, a cualquier edad nos roban las ilusiones y la sed de triunfar, principalmente cuando se es joven.

La diferencia entre una vida con fundamentos sólidos en el manejo del dinero y otra sin ellos, tiene mucho que ver con la educación que recibimos en casa. Claro que dependen otros factores: las personas que nos sirven de modelo, lo que aprendemos en la escuela y la información externa —los medios— que nos bombardea todos los días. Todo ello influye y configura nuestras creencias, las teorías en las que basamos nuestras acciones para conseguir lo que queremos, la personalidad que nos hace ver el dinero como un problema o una solución.

Déjame explicarlo mejor: la mentalidad de consumidor es una mentalidad infantil que repite el patrón de la recompensa inmediata. Pongamos un ejemplo: Si haces cuentas de lo que te cuesta a la larga comprar de contado un auto de lujo último modelo, verás que estás perdiendo muchísimas oportunidades de invertir en negocios potenciales y producir algún ingreso pasivo, especialmente si te encuentras en una etapa económicamente productiva en tu vida. Y la cosa empeora si compras a crédito, que es el error de la mayoría de las personas y el más grande de todos.

El consumidor ve una necesidad donde no la hay El inversionista ve una oportunidad donde pocos la pueden ver.

Pero nuestra mentalidad infantil nos dice que debemos cumplir con el capricho aquí y ahora, dejando de lado las múltiples posibilidades de empezar a construir riqueza en el largo plazo.

Comprar un auto de lujo a crédito, especialmente cuando empiezas a producir ingresos, puede descarrilar tus posibilidades de ahorrar dinero para invertir. Por ejemplo: En lugar de gastar USD $30,000 en un auto de lujo último modelo, para el cual tienes que hacer un pago inicial de USD $6,000, con mensualidades de USD $730, durante 4 años, podrías invertir esos USD $6,000 iniciales en un fondo mixto y continuar aumentando tu inversión a razón de los mismos USD $730 por mes, durante los mismos 4 años. Eventualmente serás capaz de ahorrar suficiente dinero para cubrir el pago inicial y continuar realizando los pagos mensuales, utilizando el dinero que te genere esa misma inversión por concepto de intereses.

¿Te das cuenta del alto costo que puede representar para ti comprar un auto de lujo último modelo (tanto de contado como a crédito), basado en una mentalidad consumista? La mentalidad del inversionista es contraría a esta e implica apostarle a un mejor futuro, mediante un sacrificio temporal.

Debido a que tiene una mentalidad infantil, el consumidor no puede posponer su recompensa y quiere conseguirla inmediatamente. Por otro lado, debido a que tiene la mentalidad de un adulto, el inversionista sabe que posponer su recompensa le dará un premio mucho mayor, más adelante. ¡Adquiere esta mentalidad!

El inversionista tiende a planificar estratégicamente y pensar en cómo obtendrá su recompensa a mediano y largo plazo. No se deja llevar por la emoción que produce lo inmediato; es disciplinado y paciente, en tanto que la estrategia de inversión comienza a rendir frutos.

En términos generales, el inversionista construye el escenario para que todo aquello que espera obtener, llegue como resultado de un esfuerzo calculado.

La siguiente tabla ilustra mejor lo que sucede cuando compras un auto a crédito, en lugar de invertir esa misma cantidad en un fondo de inversión.

COSTO DE COMPRAR UN AUTO A CRÉDITO

Precio de venta	20% Pago incial	Monto del crédito	Tasa de interés	Plazo	Pago mensual	Cantidad pagada luego de 48 pagos	Cantidad total pagada al final	Valor del coche después de 4 años	Resultado final es una pérdida de
$30.000	$6.000	$24.000	14.5%	48 meses	$730	$35.040	$41.040	$16.000	-$25.040

Ahora, mira lo que sucede cuando inviertes esa misma cantidad de dinero, a una tasa de interés anual del 10%, durante 4 años, en lugar de comprar un auto a crédito.

Año	Saldo Inicial	12 pagos mensuales de $730	Tasa Anual de interés del 10%	Saldo Final
1	$6,000	$8,760.00	$994.59	$15,754.59
2	$15,754.59	$8,760.00	$1,970.00	$26,484.64
3	$26,484.64	$8,760.00	$3,043.50	$38,287.70
4	$38,287.70	$8,760.00	$4,223.36	$51,271.06

Por supuesto que la tasa de interés puede ser menor a 10%, pero aún así, el resultado final será más conveniente que si decides comprar un auto a crédito.

EL LENGUAJE PROPIO DEL DINERO

Cualquier persona puede construir riqueza, pero necesita comprender y hablar el lenguaje del dinero. Así como las ciencias, el deporte y todas las áreas especializadas tienen un lenguaje específico, también hay un lenguaje propio del dinero que debes aprender.

¿Qué pasa cuando tratas de entender o jugar un juego o deporte y no conoces su terminología? Es obvio que no podrás involúcrate, ni sabrás si vas ganando o perdiendo.

Lo mismo sucede con el dinero. El éxito no se reserva a los pocos que saben manejar complicadas hojas de cálculo o hacen proyecciones y amortizaciones; pero sí que necesitas algo de pericia en el manejo de tu economía personal, si quieres ganar el juego del dinero.

No necesitas ser un erudito en la materia, pero conocer este léxico te ayudará a entender lo que está pasando. No está por demás mencionar que debes ser capaz de manejar operaciones de aritmética básica, como son: suma, resta, multiplicación y división.

Algunas personas pueden encontrar el lenguaje del dinero totalmente desconocido e intimidante, pero no te dejes engañar, no estamos hablando de aprender palabras sofisticadas que sólo pocos entienden.

Hazte con el hábito de consultar con aquellos que saben más que tú e investigar sobre cualquier cosa que no entiendas. Estamos en la era de la información y no hay un solo término o concepto que no puedas explorar para desentrañar su significado.

Adquirir y aplicar este conocimiento te permite "hablar" con tu dinero, decirle qué hacer y programarlo para ir a donde sea necesario, incluso antes de recibirlo y de acuerdo a un plan.

Recuerda que es mejor indicarle a tu dinero a dónde tiene que ir, que preguntarte a dónde fue cuando ya no lo tienes.

Estos son algunos términos comunes en el lenguaje del dinero y su significado:

- ***Inteligencia financiera*** – Habilidad para manejar las finanzas personales, controlando gastos y aplicando estrategias de consumo eficiente, ahorro e inversión.
- ***Finanzas personales*** – Se refiere a todas las elecciones que tomas para generar, presupuestar, ahorrar, invertir y gastar tu dinero.
- ***Libertad financiera*** – Capacidad para mantener un estilo de vida con ingresos que provienen de negocios pasivos, pero no de tu trabajo.
- ***Independencia financiera*** – Es no depender de nadie, sino de tus propios ingresos para tus gastos de vida.
- ***Presupuesto*** – Plan mensual y anual que define cómo gastar y ahorrar tus ingresos.
- ***Activo*** – Aquello que pone dinero en tu bolsillo, ya sea por medio de tu trabajo directo o indirecto. Los

activos incluyen bienes inmuebles, negocios y activos en papel, como acciones que producen dividendos.

- ***Flujo de efectivo*** – La diferencia entre el dinero que entra a tu bolsillo como ingreso y el dinero que sale de él como gastos y deuda. El flujo de efectivo puede ser positivo o negativo.
- ***Pasivo*** – Desde el punto de vista contable, representa tus deudas y obligaciones, y en palabras más simples, es algo que saca dinero de tu bolsillo.
- ***Deuda*** – Obligación de devolver dinero prestado.
- ***Deuda buena*** – Las deudas para conseguir activos que generan ingresos, a un interés bajo, son las que se conocen como deudas buenas.
- ***Deuda mala*** – Las deudas de consumo por adquirir bienes que se devalúan, a un interés alto, son las que se conocen como deudas malas.
- ***Ingresos ganados*** – Ingresos que derivan de tu trabajo
- ***Ingresos pasivos*** – Los ingresos por los que no tienes que trabajar directamente
- ***Ingreso bruto*** – Declarado como mensual y/o anual, este es el total de todos los ingresos antes de gastos e impuestos.
- ***Ingreso neto*** – Son las ganancias que resultan después de descontar gastos e impuestos
- ***Interés*** – El cargo por dinero prestado que generalmente se define como un porcentaje del monto;

también se puede hablar de interés ganado sobre el dinero que se ahorra o invierte.

- ***Interés compuesto*** – interés pagado sobre una inversión y sobre cualquier interés previamente ganado.
- ***Inversiones*** – Se refiere a la colocación de capital con el fin de recuperarlo y además obtener una ganancia en el futuro.
- ***Inversionista*** – Personas que realiza inversiones en dinero y sobre las cuales espera obtener algún rendimiento a futuro, ya sea por el cobro de algún interés, por el cobro de dividendos o por medio de la venta a un mayor valor que el del costo de adquisición.
- ***Tipos de Inversiones*** – Se clasifican según su tiempo de duración, pueden ser de corto, mediano y largo plazo, según la expectativa de obtener una ganancia.
- ***Empresario*** – Es la persona que detenta el control estratégico sobre una empresa económica y toma las decisiones operativas para lograr los objetivos de rentabilidad.
- ***Emprendedor*** – Es la persona que arranca un negocio, invirtiendo recursos y asumiendo un riesgo.
- ***Empleado*** – Es una persona que trabaja para otra a cambio de un salario.
- ***Auto empleado*** – Es aquella persona que trabaja por cuenta propia, sin empleados a su cargo (o muy

pocos), que concentra el poder de un negocio generalmente pequeño.

- ***Apalancamiento*** – En el contexto de los negocios, es el grado en que un inversor o empresa utiliza dinero prestado. Alto apalancamiento significa mayor riesgo. En el sector inmobiliario, pedir dinero prestado de un prestamista financiero para comprar una propiedad, es una forma de apalancamiento. Supongamos que pones un porcentaje del 20% de tu dinero, el banco te presta el resto y compras el 100% de la propiedad, en este caso estás apalancado al 80%. Como hemos mencionado anteriormente, el apalancamiento también puede ser entendido cómo "hacer más con menos".
- ***Bienes inmuebles*** – Terrenos, departamentos, casas, bodegas, locales comerciales y edificios.
- ***Fondo mutuo*** – Fondo operado por una compañía de inversión que recolecta dinero de los accionistas y lo invierte en un grupo de activos, según lo determina el objetivo de ese fondo.
- ***Empresa*** – Entidad con carácter y personalidad legal.
- ***Negocio*** – Actividad comercial enfocada en producir utilidades.
- ***Valor neto de una persona*** –Es básicamente cuánto dinero puede reclamar que tiene una persona,

familia o empresa, como patrimonio o capital total. Tu valor neto se calcula restando todas tus obligaciones (tus deudas), del valor de todos tus activos y el dinero que tienes.

- ***Crédito*** **– La concesión de un préstamo y la creación de deuda.**
- ***Gasto*** **– Desembolso de una cantidad de dinero.**
- ***Salario*** **– Una cantidad fija de dinero que se paga mensualmente a una persona por su trabajo.**
- ***Ahorro*** **– El acto de acumular dinero.**
- ***Impuesto*** **– Una cantidad de dinero recaudada por un gobierno, sobre los ingresos de una persona física o moral.**

CUIDA TU "DIETA" FINANCIERA

Es muy común que a cierta edad la ropa nos llegue a quedar ajustada. Cuando esto sucede, en lugar de ir al nutriólogo, hacer ejercicio o cuidar nuestra alimentación, elegimos ocultar el problema comprando ropa suelta, incluso sabiendo que tarde o temprano pagaremos las consecuencias por nuestros malos hábitos (obesidad, diabetes, insuficiencia cardíaca, mala condición física, etc.).

¿Qué tiene que ver esto con las finanzas? Bueno, es lo mismo que solemos hacer con las tarjetas de crédito.

Todos los días me encuentro con personas que utilizan su tarjeta de crédito para comprar artículos a meses sin intereses, con la ilusión de que tienen los medios para pagarlo, cuando en realidad sólo están agrandando sus deudas.

Estas personas prefieren verse bien, en lugar de estar bien.

De esta manera, su crédito sirve como esa "ropa holgada" que les impide ver su mala "dieta" financiera.

Hazte la siguiente pregunta con toda franqueza: ¿cuántas veces en el último año has comprando cosas que realmente no necesitas? Usando dinero que no es tuyo y que te fue prestado como un acto de "buena fe", al darle poder a tu firma. Todos hemos estado en esa situación más de una vez.

Platicando con un buen amigo, me decía que necesitaba juntar cierta cantidad para dar el primer pago de un auto. Su hijo estaba por ingresar a la universidad en otra ciudad y quería comprarle un coche nuevo. Un pequeño detalle: no tenía dinero ni para el enganche. Me dijo además que el pago inicial era de USD $3,000 con pagos mensuales de USD $350, durante 4 años.

Hice los cálculos y le dije que al final del préstamo tendría que pagar un importante porcentaje adicional, por encima del precio de contado. Así que le sugerí usar los USD $3,000 del pago inicial y comprar con eso un auto usado que seguramente no sería lujoso, pero sí funcional para las necesidades de su hijo.

También le propuse algo más; que ahorrara otros USD $3,500 en el lapso de diez meses, es decir, que imaginara que sigue pagando las mensualidades de USD $350 como si se los pagara a la concesionaria o al banco, pero en lugar de ello los depositara en su cuenta de ahorros y no los tocara para nada.

"Después de diez meses podrás vender el primer auto, juntas tu ahorro de $3,500 dólares con los $3,000 dólares producto de la venta y le puedes comprar otro auto a tu hijo; si bien no será un vehículo nuevo, sí será mejor que el primero y no tendrás que hacerte con una deuda, ni pagar un porcentaje de sobreprecio sobre su valor original, por el pago de intereses que te genera sacarlo a crédito".

Al final mi amigo insistió en comprar el auto nuevo a crédito, explicándome que le parecía muy difícil orquestar con éxito aquella simple estrategia. Él no creía que podría ahorrar cada mes USD $350, puesto que no tiene la disciplina para hacerlo, pero sabía que pagaría de manera forzosa la mensualidad por el crédito del auto, por esa misma cantidad.

Sin embargo, la razón principal de mi amigo para no seguir mi consejo no era su falta de disciplina (que también era un problema), sino que su hijo no aceptaría un carro que no fuera nuevo. Estaba a punto de entrar en una prestigiosa universidad y no quería estar "fuera de lugar" entre sus amigos, con un coche viejo y usado.

¿Por qué ocurre esto? Porque cada vez repetimos con mayor frecuencia los patrones de consumo que la mayoría considera normales, como es manejar un automóvil nuevo pagado a crédito, aún cuando dejamos de lado otras cosas más importantes.

No percibimos ninguna señal de alarma, porque no somos conscientes del daño financiero causado por estas decisiones.

Hay muchos ejemplos de gastos claramente irracionales, que hacemos para obtener la aceptación de los demás. Vivir así equivale a sobrecargarnos de artículos superfluos y estrés, sólo para impresionar a personas que no conocemos realmente y a quienes realmente tampoco les importamos. Y todo con tal de vernos bien y ser "normales" en nuestro círculo social, e incluso fuera de él.

Cuidar tu dieta financiera implica reconfigurar tus rutinas de gasto, para mejorar la situación en la que te encuentras.

¿Cuándo fue la última vez que fuiste a pie a tu destino en lugar de tomar el auto? ¿Cuánto tiempo ha pasado desde la última vez que evitaste comprar algo que no necesitabas, para poder usar tu dinero en cosas más importantes y mejorar tus finanzas?

Si escoges vivir con mesura, pronto verás cómo se fortalece tu carácter y tus sueños de superación se mantienen vigentes.

Durante algún tiempo, menosprecié los valores y experiencia de mis padres al momento de formarnos para la vida, pero el tiempo me hizo respetarlos y admirarlos cada vez más.

Gracias a la educación que recibí de ellos y al hecho de no haber tenido los bienes materiales que hubiera deseado en mi adolescencia, me sentí impulsado para iniciar mi negocio a muy temprana edad, ya que tenía una sed enorme por conquistar mis metas.

Vi a muchos jóvenes que lo tenían todo pero, con el tiempo, no fueron capaces de llevar a cabo sus propios proyectos, ni producir resultados de ningún tipo. Supongo que tantas comodidades y lujos a una corta edad, deben haber disminuido, o incluso anulado por completo, sus sueños de superación. Cuando se tiene todo y no se requiere de nada más ¿qué sentido tiene luchar por algo?

Si quieres vivir con las comodidades que muy pocos pueden disfrutar, tienes que pagar el precio y hacer los sacrificios que muy pocos están dispuestos a hacer.

No hay varita mágica, no pierdas el tiempo buscando una, sólo ten la seguridad de que las recompensas vendrán. Cuida tu dieta financiera saliéndote del patrón de la conducta normal y esfuérzate hasta logres ver cómo tu economía florece. Simplemente no esperes hacerte rico en un abrir y cerrar de ojos. No hay ningún misterio para vivir la buena vida. No importa como los quieras llamar: principios, fórmulas, metodologías, creencias o teorías para construir riqueza; toda esa información está dada y te estoy compartiendo en este libro lo que a mí me ha funcionado y que estoy convencido puede funcionar para ti también.

CLAVES ESENCIALES DE ESTE CAPÍTULO

1. Tener dinero es el resultado de hacer las cosas de cierta manera.
2. Para ganar el juego del dinero, necesitas elevar tu inteligencia financiera.
3. Para medir tu inteligencia financiera, sólo tienes que mirar tu cuenta bancaria.
4. Al administrar tu dinero, ve a contracorriente y evita ser "normal".
5. El conocimiento es poder, siempre y cuando lo apliques.
6. Cada quien tiene su propio concepto de riqueza.
7. Dependiendo de tu concepto de riqueza, puedes estar más cerca o más lejos de lograr estabilidad y libertad financiera.
8. Mide tu riqueza por el número de días que puedes sobrevivir si dejas de trabajar mañana.
9. Una persona rica puede vivir hasta el final de sus días sin tener que trabajar.
10. Apalancamiento significa "hacer más con menos".
11. El verdadero valor del apalancamiento es situarte en la posición perfecta para crear riqueza.
12. Cuida tu dieta financiera y no compres lo que no necesitas.

CAPÍTULO 2

INGRESOS PASIVOS

TU LIBERTAD FINANCIERA A TRAVÉS DE TU NEGOCIO

Te voy a revelar cómo puedes hacer que tu negocio se convierta en el principal vehículo para conquistar tu libertad financiera.

Un error que cometen muchos empresarios, es suscribirse a la creencia de que su negocio permanecerá a flote sólo mientras estén allí para hacerlo funcionar. Otro error es no tener a nadie para delegar las tareas de su operación, alguien que pueda garantizar los mismos resultados que ellos.

Además de impartir seminarios, hago consultoría para propietarios de pequeñas empresas. Muchas veces los escucho refiriéndose a sus negocios como si fueran sus hijos. "Mi negocio es como mi hijo", suelen decir. Es cuando aprovecho para preguntarles si les parece correcto cambiarle el pañal o darle de comer en la boca a un niño de 10 años. "Claro que no, ¡eso sería absurdo" suelen responder. Bueno, pues resulta igual de absurdo pasarse diez años cuidando un negocio que a cierta edad, debería moverse por sí mismo y sin ayuda del dueño.

Al igual que los seres humanos, los negocios deben crecer, desarrollarse y aprender a caminar solos.

Es por eso que comparto contigo estas metodologías y consejos prácticos, para que tu negocio pueda generar ingresos sin tu presencia y cada día estés más cerca de convertirlo en un canal de ingresos pasivos.

Este es un buen momento para aclararte que ninguna de las premisas que aquí te presento, son verdades absolutas e irremplazables. Claro que tampoco son falsas. Son simplemente los pasos que seguí, las ideas y herramientas que apliqué a mi situación y que dieron lugar a mis resultados.

Es cierto que la economía es una ciencia, pero para mí, el manejo de las finanzas personales es un arte y como todo arte es subjetivo, los resultados dependen de la perspectiva de cada persona.

Esta es la razón por la que no puedo asegurarte que estos métodos vayan a rendirte los mismos frutos que a mí, lo que puedo garantizarte es que si los aprendes y aplicas correctamente, tú también verás resultados asombrosos.

Tengo la seguridad de lo que digo, porque no soy el único a quien le han cambiado la vida. Somos miles, si no millones de personas las que hemos aprendido y aplicado esta sabiduría a nuestro favor. Así que date la oportunidad de cambiar y reconfigurar tus creencias para generar resultados diferentes, decir sí a una decisión es decir sí a un universo de posibilidades, dile sí a aplicar este conocimiento y mira como tu vida empieza a cambiar.

NO PIENSES DEMASIADO ¡ACTÚA DEMASIADO!

"Una manera de producir más dinero es trabajando más tiempo y con más ahínco". Esa es la creencia tradicional que se ha venido repitiendo durante siglos y creo que ya es tiempo de jubilarla. Esto es algo que no recomiendo.

Desde muy joven entendí que todos queremos hacer grandes cosas, marcar una diferencia, aportar nuestro grano de arena para transformar al mundo y eso no va a suceder si invertimos la mayor parte de nuestro tiempo trabajando en algo que no nos gusta. Creo que la mejor manera de lograr algo significativo, es precisamente haciendo lo que disfrutas y esa es la manera que sí recomiendo para hacer más dinero.

En primer lugar, porque las personas que más éxito han tenido en la vida, no lo lograron haciendo algo que no querían o que detestaban. Lo que para muchos se considera trabajo, para otros puede ser su pasatiempo más productivo.

Trabajar haciendo lo que más te gusta no es trabajar, es hacer lo que más te gusta ¡Así de simple!

Sin embargo, debemos ser muy cuidadosos con esto. Si omites la aplicación de ciertos principios y conceptos en la operación de tu negocio, es muy probable que nunca llegues a acumular dinero, porque estarás muy "ocupado" produciendo, pero con muy bajo rendimiento. Así como yo cuando trabajaba de sol a sol haciendo algo que me gustaba, pero no veía resultados concretos en mi economía personal, porque había muchas cosas que entonces ignoraba y eso me estaba costando muy caro.

En pocas palabras: no basta con hacer lo que más te gusta. La manera para enriquecerte y ser libre financieramente se resume en hacer las cosas de cierta manera, lo que implica aprender – **y aplicar** – los mismos principios de acumulación de riqueza que utilizan quienes ya lo han logrado. Por eso es que pongo mucho énfasis en no pensar demasiado, sino actuar demasiado.

En muchas ocasiones, la planificación profunda se convierte en una excusa, una estrategia de nuestro subconsciente para posponer la apertura de nuestro primer negocio y arriesgarnos a invertir tiempo y dinero en su optimización. Bajo la justificación de estar bien preparados, pasamos meses —o incluso años— mejorando nuestra estrategia para el gran día, pero ¿sabes cuándo es ese gran día? ¡Hoy mismo! Así que no lo pienses demasiado ¡actúa demasiado!

NO TRABAJES MÁS, APRENDE A SER Y HACER MÁS

En su libro: "Padre Rico, Padre Pobre", Robert Kiyosaki dice que "no tienes un negocio hasta que no te produce dinero sin tener que trabajar en él". Mientras esto no ocurra, en realidad te has procurado un autoempleo y no un verdadero sistema de ingresos pasivos.

Como ya hemos definido anteriormente, los ingresos pasivos son los ingresos que recibes sin tener que trabajar directamente para producirlos. Claro que esto no se da por generación espontánea, sino a través de aprender y aplicar las fórmulas para sistematizar tu negocio y hacer que opere sin ti.

Hay actividades comerciales complicadas que son más difíciles de echar a andar en modo automático, pero existen otras más sencillas, que puedes automatizar con un menor esfuerzo. Sigue leyendo y sabrás a qué me refiero.

DIFERENTES CANALES DE INGRESOS PASIVOS

Mientras manejaba mi negocio de eventos, adquirí una propiedad para almacenar mis equipos. Era una casa grande y antigua, no la clase de construcción en la que mi familia y yo pensáramos vivir, pero en aquel entonces fue excelente como bodega para mi empresa.

Después de cerrar mi negocio, nos mudamos a Baja California Sur y alquilamos un apartamento amueblado. En ese momento aquella propiedad antigua había aumentado considerablemente su valor y mi esposa y yo pensamos en venderla para comprar una casa propia en nuestra nueva ciudad.

Sin embargo, con toda la información que iba adquiriendo en torno a cómo ser libre financieramente, en el último momento cambiamos de plan y pensamos en poner ese activo a trabajar para nosotros: en lugar de sacarla a la venta y comprar nuestra tan anhelada casa de ensueño, decidimos remodelarla, la subdividimos y empezamos a rentarla como pequeños departamentos independientes, totalmente equipados y amueblados. Así fue como abrí un canal más de ingreso pasivo.

No haber vendido aquella vieja propiedad para comprar una casa nueva, resultó ser una excelente decisión financieramente hablando, aunque en su momento representó un sacrificio para nosotros. ¿Te imaginas renunciar a vivir en una casa completamente nueva y en lugar de ello, quedarnos en un pequeño departamento rentado durante algunos años? ¡Parecía una locura!

¿No crees que valió la pena retrasar la recompensa de comprar o construir una casa nueva totalmente a nuestro gusto y en lugar de ello, optar por obtener un valor mucho mayor, aunque a un plazo más largo? Un simple acto como ese puede ponerte en la posición perfecta para empezar a vivir sin trabajar.

Siguiendo este ejemplo, te invito a estudiar de qué manera puedes usar tus recursos para generar un ingreso pasivo adicional y escapar del circulo vicioso de trabajar todo el tiempo para poder cubrir tus gastos.

Quizás no has considerado darle un giro a tus recursos actuales, simplificar tu vida, retrasar tus recompensas o poner a trabajar bienes que son potencialmente productivos a través de los nuevos-modelos de comercialización de la llamada *economía colaborativa*. Si no has oído hablar de ella y de las múltiples oportunidades que ofrece, simplemente googlea el término y descubre de qué se trata. Gracias a esta modalidad, puedes alquilar muchas de las cosas y espacios que posees, pero que casi no usas. Seguramente tienes un área que puedes rentar o herramientas en buen estado que todavía se pueden utilizar, pero sólo están acumulando polvo alrededor de tu casa. Alquila esos bienes subutilizados que podrían generarte ingresos adicionales. Usa tus ingresos con inteligencia e inviértelos en activos que te produzcan ingresos pasivos.

EJEMPLOS DE NEGOCIOS PASIVOS

Te presentaré algunas alternativas de negocios pasivos, a efecto de que las tengas en mente a la hora de invertir tu dinero.

Pero antes una recomendación: cuándo estés listo para abrir un negocio formal con expectativas de largo plazo, evita los negocios "enanos", aquellos que envejecen, pero nunca crecen. La mayoría de los emprendedores entran a una actividad comercial sin pensar a fondo en lo que se están metiendo. Así que abre bien los ojos antes de apostar por una actividad comercial de la que pretendas vivir.

Recuerdo a un buen amigo que desde muy joven se dedicó a lavar muebles y alfombras. Le iba de maravilla, pero atención, lo era para su corta edad y en una época en la que ese tipo de negocio aún resultaba rentable.

Mi amigo creció, se casó y tuvo dos hijos. Los compromisos y gastos aumentaron, pero su negocio no creció debido a muchos factores: problemas con el personal, maquinaria costosa y delicada que requería mucho mantenimiento, además de la introducción de mejores sistemas a precios competitivos.

Lo que en su momento fue una excelente fuente de ingresos, más tarde resultó ser un "negocio enano" ya que mi amigo se quedó siempre con la idea original de que su negocio sería más rentable cada vez y trabajó de sol a sol con el alma puesta en él, manteniendo la esperanza de que algún día crecería como la espuma y potenciaría sus ganancias.

Lamentablemente no ocurrió así, al contrario: la competencia saturó el mercado, los clientes se endurecieron, los precios bajaron y mi amigo se quedó con un solo colaborador, haciendo las limpiezas él mismo y siempre batallando con el tema del dinero.

Otra cosa muy importante que recordar, es que cuánto más altos sean tus gastos, más bajos serán tus ingresos y estarás más lejos de convertir tu empresa en una fuente de ingresos pasivos.

Es por eso que recomiendo invertir en opciones de negocio con alta demanda, poca complicación operativa, inversión inicial moderada (o baja), equipo de personas limitado y costos fijos reducidos. Parece imposible encontrar un negocio con estas características, pero no siempre es así.

Te daré algunas ideas: máquinas expendedoras, alquiler de bienes raíces, obtención de regalías por propiedad intelectual, desarrollar un software y cobrar una mensualidad por su uso, licenciar tu producto, franquiciar tu negocio, lanzar un sitio de membresías por Internet, cursos en línea, montar una tienda virtual y vender productos digitales propios o como afiliado, son alternativas de negocio con muchas de las características mencionadas anteriormente, que puedes convertir en fuentes de ingresos pasivos.

Por otro lado, debemos entender la pequeña diferencia entre los ingresos pasivos y los ingresos residuales. El mercadeo en red es un buen ejemplo de ingreso residual, donde recibes dinero constantemente por el esfuerzo de otra persona dentro de tu grupo, pero no quiere decir que hayas dejado de trabajar, pues debes seguir supervisando que el proceso se mantenga. Cuando ese mercadeo te permite salir a pasear por el mundo durante dos meses y seguir recibiendo dinero sin tener que trabajar en tu red, entonces se convierte en ingreso pasivo, porque ya no requiere de una supervisión detallada, ni de mucho tiempo de trabajo.

El ingreso pasivo, por el contrario, indica que no estás trabajando de manera activa. Ahora bien, cuando digo "ingresos pasivos" no quiero decir que puedas irte a la playa por un año y nunca atender tu negocio, esos no son ingresos pasivos, son el pasaporte al país de las maravillas y eso no existe.

En mi experiencia, te diré que con los ingresos pasivos hay una cosa llamada mantenimiento: una llamada telefónica, responder correos y mensajes, ir al banco a hacer un depósito o realizar una transferencia desde tu dispositivo, coordinar la compostura de una máquina, asistir a una cita para ver nuevos clientes, etc. Eso siempre estará presente y es completamente normal.

Otros negocios pasivos son: alquiler de terrenos, vehículos, embarcaciones y estacionamientos. Tal es el caso de otro amigo que compró un lote cerca del mar en Playa del Carmen, pero jamás pensó que iba a ser un ingreso pasivo. Solía pasarse ahí todo el verano, en una cabañita, hasta que un buen día empezó a promover su lugar y recibir clientes que querían acampar en él.

Cada vez más viajeros acudían a su propiedad para acampar y dormir en hamacas y tiendas de campaña. Eventualmente, ganó lo suficiente para comprar otro terreno cercano. Debido a que una sola persona se ocupa de cada una de las ubicaciones de su negocio, sus costos fijos son cercanos a cero y en este momento, él es financieramente libre.

Ahora, en teoría y como ya ha quedado claro, cualquier negocio puede ser sistematizado y convertirse en un negocio pasivo, y digo en teoría porque hay algunos negocios que dependen de la presencia física y la participación directa de sus propietarios, como puede ser el caso de un famoso planificador de bodas cuyos clientes importantes solicitan su presencia todo el tiempo, desde la creación del concepto, hasta la preparación y ejecución del gran evento. Fuera de algunos casos excepcionales como éste, siempre existe la opción de sistematizar un negocio para que funcione sin que estés allí como dueño.

Otra gran ventaja de sistematizar un negocio es la facilidad para venderlo. Obviamente que vender un negocio ya no entra en el rango de ingreso pasivo, aunque es una de las operaciones más lucrativas y rentables que puedes realizar.

CLAVES ESENCIALES DE ESTE CAPÍTULO

1. Tener tu propio negocio es la mejor manera de construir riqueza.
2. Un negocio debe ser capaz de mantenerse por sí mismo, sin tu presencia.
3. Trabajar duro no garantiza la seguridad financiera.
4. Es una gran ventaja hacer lo que te gusta para ganarte la vida, pero debe hacerse de cierta manera para ganar mucho dinero y al mismo tiempo, tener tiempo libre.
5. No pienses demasiado las cosas, da el primer paso y no te detengas hasta lograr tu objetivo.
6. Los ingresos residuales son cuando recibes dinero de manera constante, por el esfuerzo de otra persona dentro de un grupo al que tu supervisas.
7. El ingreso pasivo es el que recibes sin tener que trabajar directamente.
8. Piensa en maneras en las que puedes convertir tus recursos actuales en ingresos adicionales.
9. Encuentra alternativas de negocio con las que puedas producir ingresos sin tu intervención directa.
10. Cualquier negocio puede ser sistematizado y convertirse en un negocio pasivo.

CAPÍTULO 3
PRESUPUESTO

MANEJA TUS FINANZAS CON UN PRESUPUESTO

La mayoría de las personas no sabe cómo programar sus finanzas. Esto provoca que los problemas financieros vayan tras ellos como si los persiguieran, y se pasan la vida pagando facturas y gastos de todo tipo. En cuanto saldan un pago, otra deuda brinca de inmediato, como si estuvieran jugando "Pégale al Topo", aquel juego de destreza donde las cabecitas de los topos salen por diferentes agujeros y para ganar puntos les tienes que pegar con un pequeño mazo. La cosa se complica cuando empiezan a asomarse más rápido y no tienes idea por dónde te van a salir.

Cuando manejas tu dinero bajo el sistema de "Pégale al Topo", ni siquiera puedes darte cuenta en qué estás gastando de más, y cada que te ves en aprietos recurres a tu tarjeta de crédito.

Manejar así tus finanzas personales tarde o temprano quebrará tu economía: aparece un gasto por aquí y lo pagas, te sale otro por allá y lo pagas, pero no tienes un mecanismo, sino que estás reaccionando a una dinámica sin control, apagando fuegos donde más fuerte sientes la llama.

Es imposible acumular capital si no tienes un plan. Por eso te recomiendo tener un presupuesto. Y ¿qué es un presupuesto? Básicamente un documento en el que asientas todos tus ingresos y gastos en un formato tanto mensual como anual. Al final de cada mes y del año, tendrás un balance positivo, negativo o en ceros.

Al principio, cuando empiezas a usar un presupuesto, lo ideal es que tengas un balance en ceros, es decir, que tus ingresos sean iguales a tus gastos, pero en realidad el objetivo final no es ese, sino lograr terminar cada mes con un excedente, mismo excedente que se convertirá en tu ahorro y después de un tiempo, ese mismo ahorro será tu fondo para realizar inversiones. Si tienes un excedente significa que estás un paso adelante, pero supongamos que tienes un desequilibrio de dinero en este momento, por lo que aquí te mostraré cómo solucionarlo.

Por ahora, solo debes centrarte en dos cosas: hacer tu presupuesto anual y lograr que tus gastos sean idénticos a tus ingresos.

Para reducir tus gastos, primero tienes que saber en qué gastas. Si logras un balance en ceros, vas por muy buen camino.

A muchas personas les espanta la idea de hacer un presupuesto, porque imaginan que se trata de un documento complicado que les va a limitar su libertad económica. Sin embargo, en realidad es algo sumamente sencillo que te brindará más libertad para gastar tus recursos inteligentemente y sin culpas.

¿Por qué un presupuesto es tan útil? La respuesta es muy simple: porque una vez que consigues concentrar todos tus ingresos y gastos en un solo lugar, puedes echar un vistazo a cada celda, estudiarla cuidadosamente y encontrar una manera de mejorarla.

ASÍ ES COMO TU PRESUPUESTO MENSUAL SE PODRÍA VER:

PRESUPUESTO MENSUAL (USD)	
INGRESOS MENSUALES	$4,000.00
GASTOS MENSUALES	$3,830.00
SALDO	$170.00

CONCEPTO	CANTIDAD MENSUAL
ALQUILER	$1,200.00
ALIMENTOS	$800.00
ELECTRICIDAD	$100.00
LAVANDERÍA	$75.00
COLEGIATURA DE MIGUEL Y CLARA	$675.00
TELÉFONO CELULAR	$50.00
GASOLINA	$35.00
INTERNET	$25.00
ENTRETENIMIENTO	$200.00
PAGO DEL AUTO	$430.00
SEGURO DEL AUTO	$40.00
SEGURO MÉDICO	$200.00
TOTAL	$3,830.00
SALDO	$170.00

¿POR DONDE EMPEZAR?

Abre una hoja de cálculo que te permita registrar y proyectar tanto tus ingresos netos, como tus gastos de cada mes. Ahora, si tu ingreso es variable, utiliza como monto mensual fijo durante los 12 meses, la menor cantidad de ingresos de un mes que hayas obtenido en el último año, eso servirá por ahora.

Muy importante: tu presupuesto debe ser por escrito, plásmalo físicamente o en la computadora. También debe ser anual y dividirse en 12 meses. No importa en qué mes empieces, asegúrate de que contenga los doce meses del año. También recuerda***: si no está por escrito no es un presupuesto, no importa cuántas veces me digas que te sabes tus números y que lo tienes muy claro en tu mente.***

Esta hoja de cálculo te permitirá poner todos tus gastos en su celda correspondiente y ajustar tus números donde haga falta, para luego encontrar maneras de reducirlos en tu vida cotidiana. Lo mismo aplica para las celdas de ingresos: puedes buscar la forma de incrementar el monto de tus entradas y en lugar de que sea sólo una celda, ampliarlo a dos o incluso tres canales de ingreso y por ende, tres celdas. Poco a poco verás que no sólo no es complicado, sino que incluso resulta divertido jugar con tus números para empezar a tomar el control de tu dinero.

Un presupuesto te ayuda a tener claridad mental y centrarte en gastar con inteligencia. Eliminas el factor del azar; dejas de preguntarte de dónde saldrá el dinero para pagar tus gastos mes a mes y controlas de dónde viene cada dólar y a dónde tiene que ir, ajustando cada rubro para terminar con un saldo, primero en ceros y luego a tu favor.

En resumen, un presupuesto te permite analizar el mapa completo de tu comportamiento financiero.

Una vez que tengas tu presupuesto, obsérvalo, estúdialo con calma y empieza a encontrar formas de reducir algunos gastos; pero cuidado, sólo con el objetivo único de ahorrar (e invertir) y no para usar los ahorros para otros gastos.

Cada vez que descubras cómo mejorar cualquiera de las celdas de egresos, regístralo actualizando el monto, de esta manera tendrás una meta visible de lo que quieres lograr y al mismo tiempo, realizarás un seguimiento de tu progreso. Lo más importante que tienes que recordar es que para que el presupuesto funcione, tienes que seguirlo. En otras palabras, respeta el presupuesto a cabalidad, si te propones bajar un rubro de egreso, hazlo sin dudarlo y gasta como lo tienes planeado.

Recuerda que cuanto más pronto empieces a planificar tu retiro, más rápido lo conseguirás y para empezar tu labor de planificación necesitas este documento.

Por último, haz tu presupuesto con los números que tengas en mente. Aun si no recuerdas cada rubro de ingreso y gasto y su cantidad exacta, anota lo que recuerdes, después busca la cifra exacta y durante uno o dos meses, ve ajustando tus cantidades hasta que sean totalmente acertadas.

¿QUÉ INCLUIR EN EL PRESUPUESTO?

La idea es hacerlo simple, para visualizar tus ingresos y tus gastos con claridad. Teniendo esto en mente, vas a anotar en tu presupuesto solo las siguientes tres cosas:

1. **Tus ingresos por rubro y la suma total de ellos.**
2. **Tus gastos por rubro y la suma total de ellos.**
3. **El resultado de ambos a fin de mes, que puede ser un excedente, un saldo negativo o un balance en ceros.**

Si tu resultado es una cantidad excedente significa que vas por muy buen camino y en ese caso, empieza a guardar esa cantidad por tiempo indefinido, en una cuenta de ahorro totalmente separada de tu cuenta de gastos regulares.

Si tu resultado es negativo, estudia detenidamente cada uno de tus gastos y busca reducir aquellos que te sea posible, hasta que logres llevar tu resultado a cero. Conforme registres tus nuevos egresos, menores a lo que hoy gastas, atente a lo planeado, haz el sacrificio de renunciar a la recompensa inmediata para lograr un beneficio mayor más adelante, es decir, lograr un balance en el que tus ingresos sean iguales a tus gastos y después, terminar con excedentes al final de cada mes.

MONITOREA TUS GASTOS

Para obtener un presupuesto confiable, lleva un registro de todo lo que gastas en uno o dos meses. Puedes escribir todo en tu teléfono celular, utilizando una de las muchas aplicaciones de finanzas personales gratuitas como: Wallet, Monefy o iGasto. Estos son programas muy intuitivos que te ayudarán a saber en tiempo real, cuál es tu estado financiero.

Debes centrarte en hacer esto todos los días y mantener un registro preciso de tus hábitos de consumo, de lo contrario, puedes olvidar en qué estas gastando tu dinero y terminar con un presupuesto poco confiable. Registra tanto tus ingresos totales como tus gastos en efectivo y de tarjeta de crédito.

Haz el sacrificio de renunciar a la recompensa inmediata, para que puedas lograr un beneficio mayor más adelante

Anota la cantidad con la que comienzas el mes (tus ingresos totales o saldo inicial) y a continuación, anota cada gasto que realizas cada día, especificando el concepto y la cantidad. También registra tus ingresos adicionales durante el mes, posteriores al depósito inicial.

Pasados 30 días, sabrás en qué gastaste cada dólar de tus ingresos y si tu balance está en cero, es negativo o positivo. Este ejercicio te ayudará a tener un presupuesto realista y no imaginario. Con esto serás capaz de crear tu presupuesto por primera vez, te darás cuenta si estás tirando tu dinero en cosas innecesarias y verás las múltiples oportunidades que tienes a tu alcance para mejorar tus finanzas.

ESTUDIA TUS NÚMEROS Y CAMBIA DE PERSPECTIVA

Con un presupuesto fiable frente a ti, puedes dedicar tiempo a estudiarlo y ver qué puedes modificar para que tus ingresos sean idénticos a tus egresos. Lo ideal por ahora es lograr que vivas dentro de tus posibilidades. Obviamente, reducir tus gastos para balancear tu presupuesto no sucederá de la noche a la mañana, pero el primer paso es identificar las cantidades que puedes reducir y trabajar en ello hasta lograrlo. Este proceso tomará meses y en ocasiones puede tomarte un año.

Sé por experiencia que reducir gastos puede parecer imposible, pero no lo es. De hecho, está más a tu alcance de lo que crees. Sólo piensa en lo que gastas en tu vida social. Como yo hace unos años, mucha gente cree que tiene que gastar mucho dinero para pasar un buen rato. La diversión y la recreación se han convertido en un "producto" que nos quieren vender y esto nos ha convencido de que necesitamos gastar para tener diversión y tiempo de ocio "de calidad". Sin embargo, ¿es realmente necesario gastar mucho para pasar un buen rato? No, no es así. Hay mil maneras de pasarla bien, sin tener que ir a un restaurante caro o lugares que requieren un gasto excesivo. Puedes ir a sitios agradables con precios accesibles o simplemente organizar reuniones caseras esporádicas. Y al igual que con esta situación, existen numerosos ejemplos que te pueden demostrar que sí es posible reducir e incluso eliminar varios de tus desembolsos mensuales, cambiando tu perspectiva y tus hábitos de consumo.

TEN UNA FUENTE DE INGRESOS ALTERNA

Te decía que en un primer momento, la idea es lograr ajustar tus finanzas para vivir dentro de tus posibilidades, pero el objetivo final no es terminar en ceros mes a mes, sino que haya un excedente y logres ahorrar. Sin embargo, muchas veces sucede que ya no puedes reducir gastos, que ya estás en el límite y aún no conquistas ese primer gran objetivo de por lo menos terminar el mes sin un déficit.

Tener una fuente de ingresos alterna, puede ayudarte durante los períodos de desempleo.

Ni siquiera estás gastando en entretenimiento o salidas a comer, e incluso recortaste hasta tu café matutino y entonces te preguntas: "¿Y ahora qué sigue?"

Es obvio que si estás en esta situación, necesitas incrementar tus ingresos mejorando los resultados de tu negocio. Pero si tienes un salario y no un negocio propio, entonces te recomiendo contar con una actividad alterna que te permita generar una fuente adicional de ingresos.

Cuidado: montar un negocio alterno para nada significa hacer trabajos aleatorios que se te van apareciendo por aquí y por allá. De lo que hablo es de ofrecer un producto o servicio consistente, una propuesta que, si bien sea esporádica, la realices de manera profesional y siempre produzca los mismos resultados.

Por ejemplo, cuando no estás en tu trabajo regular y durante fines de semana, puedes hacer labores de carpintería, arreglos florales, programar sitios web, vender artículos por Internet, hacer diseño gráfico, impartir clases de inglés, ofrecer servicios como *freelancer*, etc. Las posibilidades son muy amplias; puedes hacer cosas de acuerdo a tus gustos y habilidades, y generar ese ingreso adicional que necesitas para equilibrar tu presupuesto. Sólo tienes que pensar creativamente y no dudar en empezar a ofrecer tu nuevo producto o servicio lo antes posible.

Empieza con tus familiares, amigos y todos tus contactos en redes sociales. Un pequeño negocio secundario es una buena alternativa no sólo para lograr ese excedente al final del mes, sino para amortizar imprevistos y enfrentar mejor los períodos de desempleo.

Piénsalo, quienes pierden su trabajo de un día para otro, normalmente tardan meses en volver a colocarse, pero cuando tienen un ingreso alterno, estas entradas les permiten por lo menos solventar los gastos más urgentes.

Cuando no cuentas con un negocio alterno o una actividad de rescate y te quedas sin empleo, tampoco tienes nada que hacer todo el día, solo sentarte a esperar a que suene el teléfono o que llegue un correo electrónico. Sin embargo, si tienes una fuente de ingresos alternativa, enfrentarás la crisis con actitud positiva y te ayudará a enfocarte en una estrategia para remontar tu vida laboral.

PAGA EN EFECTIVO

Una manera muy efectiva para minimizar gastos es hacer todos tus pagos en efectivo, en lugar de usar tarjetas de crédito e incluso de débito. Cuando pagas con plástico, en realidad estás usando dinero invisible y en tu fuero interno, no necesitas justificar tu compra porque no te duele. Pero cuando usas efectivo, no es tan sencillo dejar ir esos billetes de alta denominación, si no tienes una muy buena razón que sustente tu decisión. Aquí es donde las compras impulsivas se hacen evidentes y tienes más oportunidades de detenerlas.

Recuerdo como en el pasado firmaba todas mis compras y las justificaba con los beneficios que brindan las tarjetas de crédito, a través de sus programas de lealtad. En aquél entonces pensaba que era una buena idea vivir endeudado, a cambio de obtener viajes con los puntos que obtenía, y si bien no es una mala idea viajar gratis, los beneficios de vivir sin deuda (y sin puntos), superan por mucho los de viajar sin que tener pagar tu boleto de avión de manera esporádica. Así, cuando empecé a liquidar todo con efectivo y suspendí por completo el uso de mis tarjetas de crédito, mi balance al final de cada mes mejoró de manera dramática, puesto que dejé de gastar en muchas tonterías. De esta forma logré balancear mi presupuesto y más tarde, pude ahorrar para invertir. Me he acostumbrado a pagar por casi todo con dinero en efectivo y tarjeta de débito y no tengo la intención de volver al uso del crédito jamás.

CLAVES ESENCIALES DE ESTE CAPÍTULO

1. **Gestiona tus finanzas con un presupuesto y monitorea tus gastos.**
2. **Estudia tus números cada mes y ajusta tus hábitos de consumo.**
3. **Siempre es una buena idea tener una fuente de ingresos alternas.**
4. **Cuando logres estabilizar tus finanzas y tengas excedentes al final del mes, ahórralos.**
5. **Adquiere el hábito de pagar siempre en efectivo, en lugar de usar tarjetas de crédito.**
6. **Para ser financieramente libre, empieza por adquirir el hábito de ahorrar para invertir.**

CAPÍTULO 4

APRENDE A TRIUNFAR

Lo que te voy a platicar en este capítulo, es algo que los maestros debieron enseñarnos en la escuela y nuestros padres en casa.

Te voy a mostrar cómo superar los obstáculos que te mantienen atrapado en la escasez financiera y la deuda. Tal vez tienes un ingreso decente, pero no has logrado tu mayor potencial. Esto se debe a una cosa: no has aprendido a tener éxito con el dinero.

Si bien tener suficientes recursos materiales para considerarse rico es importante, cuando sólo asociamos la riqueza con lo que tenemos en nuestro mundo físico, no reconocemos otros factores diferentes que contribuyen a nuestro bienestar integral.

La mayoría de las culturas antiguas apuntaban a una conexión entre nuestra dimensión física, mental, emocional y espiritual, y reconocían que cada una componía una parte del todo. Esto significa que vivimos en cuatro dimensiones diferentes y si quieres alcanzar la libertad financiera, tienes que aprender a tener éxito en las cuatro, no sólo en una.

Teniendo en cuenta este enfoque integrador, la psicología de la riqueza está empezando a reconocer que nuestros resultados en el área del dinero, están influenciados no sólo por lo que hacemos en nuestro mundo material, pero más importante aún, por lo que sucede en nuestras otras tres dimensiones; mismas que constituyen las raíces de nuestras acciones y comportamientos.

¿Recuerdas lo que te decía al principio de este libro, en el sentido de que tener dinero es el resultado de hacer las cosas de cierta manera y que si quieres ganar el juego del dinero, debes cambiar tus teorías incorrectas en torno al mismo?

Efectivamente, nuestros comportamientos se basan en nuestras creencias y nuestras creencias son el resultado de nuestra forma de pensar. Lo invisible determina lo visible en nuestra vida.

Con el fin de lograr tus objetivos financieros, es necesario aprender cosas nuevas que sustenten tu éxito. Nuevos conocimientos significan nuevas teorías en las cuáles basar tus creencias y las nuevas creencias, se traducirán en la realización de las acciones correctas para obtener lo que estás buscando. En otras palabras: es posible que aprendas a tener éxito, la clave consiste en ampliar tus conocimientos y aplicar las teorías correctas para obtener lo que quieres.

Todos manejamos dinero, pero ¿qué tan bien lo hacemos?

Sin embargo, la gran pregunta es: ¿cómo está configurada tu forma de pensar? ¿está programada para el éxito financiero?, ¿para la mediocridad? o peor aún ¿para el fracaso?

La manera más sencilla para descubrirlo es echando un vistazo a tus resultados. Mira tu vida, analiza cómo ganas dinero, observa si administrar tu dinero es algo fácil o difícil para ti, y eso será el reflejo de exactamente lo que pasa por tu mundo interior.

Cada uno de nosotros tenemos un patrón personal del dinero integrado en nuestra mente de manera subconsciente, y es este patrón más que cualquier otra cosa, lo que determina nuestros resultados en el área financiera.

¿DE DONDE PROVIENE TU PATRÓN DEL DINERO?

T. Harv Eker en su libro "Secretos de la mente millonaria" establece que estamos condicionados de tres maneras primarias en cada ámbito de la vida, incluyendo el dinero: La primera se llama programación verbal y se refiere a las cosas que escuchaste cuando eras muy joven. La segunda se llama imitación y son las cosas que viste de chico y que copiaste para ti, y la tercera la constituyen experiencias de vida o sucesos específicos en torno al dinero, que te dejaron marcado de alguna u otra forma.

Has adquirido este patrón desde la infancia y este es responsable de filtrar todo lo que se cruza en tu camino. Eventualmente, te olvidas de que lo llevas puesto y todo lo que ves a través de tus propios filtros te parece normal, aún cuando seas la única persona que ve las cosas de esa manera.

Tus creencias pueden brindarte o quitarte poder para lograr tus objetivos. En otras palabras, algunas funcionan para ti y otras trabajan en tu contra, por lo que tu mente está llena de mensajes mixtos, lo que de alguna manera equivale a conducir un auto con un pie en el acelerador y el otro en el freno, al mismo tiempo.

No olvides que siempre actuarás de acuerdo con tus creencias o teorías predominantes y estas acciones crearán tus resultados.

Por ejemplo, si crees que no puedes obtener un trabajo bien remunerado, entonces vas a actuar en consecuencia y solo vas a solicitar puestos de trabajo con salarios insignificantes, lo cual validará tu creencia. O si crees que no estás calificado para ser dueño de tu propio negocio ¿comenzarías uno? pues obviamente no, no lo harías; lo cual nuevamente validará tu creencia de que no estás calificado para ser dueño de tu propio negocio. En el fondo, todos queremos probar que tenemos razón, ¿no es cierto?

Es posible identificar cuáles son esas creencias que te mantienen lejos de tus objetivos de construir y acumular riqueza, simplemente echa un vistazo a tus resultados en la vida y observa cómo actúas en diferentes circunstancias. Cambiar y ajustar tus creencias para obtener los resultados que estás buscando también es posible, ampliando tus conocimientos y formulando nuevas teorías que sirvan de base a tus acciones.

¿Has oído hablar del punto de ajuste metabólico? Para quienes hemos tenido conflictos con esos "kilos de más", este concepto puede resultar familiar. El punto de ajuste es el rango de peso en el que tu cuerpo está programado para funcionar de manera óptima. La teoría del punto de ajuste, sostiene que nuestro cuerpo luchará para mantener su peso, independientemente de lo que hagamos para cambiarlo.

Todos tenemos un punto de ajuste metabólico establecido y muchas veces, no importa qué tanto nos esforcemos, esta predeterminación corporal nos hará permanecer dentro de un cierto rango de peso.

Algo similar sucede con tu patrón del dinero. No importa lo que hagas, cuánto y cómo trabajes, si tus condicionamientos internos son incorrectos y continúas viendo las cosas con los mismos filtros, o lo que es lo mismo, actuando con base en las mismas teorías y creencias, terminarás obteniendo los mismos resultados.

La buena noticia es que puedes identificar tu patrón del dinero y cambiarlo para obtener lo que deseas más fácil y rápidamente.

CÓMO REPROGRAMAR TU PATRÓN DEL DINERO

Una vez que identifiques tu patrón del dinero echando un vistazo a tus comportamientos y resultados en esta área de tu vida, también puedes cambiarlo para alcanzar tus metas financieras, y eso es exactamente lo que este libro te está ayudando a lograr.

Cuando aprendes y aplicas los principios aquí expuestos, estás cambiando tu patrón del dinero. Cuando identificas tus hábitos limitantes y los sustituyes por otros que sustenten tus metas, estás cambiando tu patrón del dinero. Además, cuando eres consciente de todas esas estrategias de marketing con las que nos bombardean todos los días (algo de lo que te hablaré más adelante) y evitas caer en la trampa de consumir irracionalmente, estás cambiando tu patrón del dinero.

Otra manera de identificar tu patrón del dinero y cambiarlo en el acto, es asistiendo a mi seminario intensivo "DILE SÍ AL DINERO". A través de actividades, ejercicios y técnicas de aprendizaje acelerado, puedes reconocer tus creencias limitantes en cuanto a acumulación de riqueza y reemplazarlas por otras, programando tu mente para el éxito automático. Los resultados que obtienen los alumnos que aplican las nuevas herramientas y principios que adquieren en mi seminario, son realmente asombrosos. Te invito a participar en este evento transformador que puede cambiar tu vida, no te lo pierdas, tu futuro financiero te lo agradecerá. Si deseas más información, visita: **Dilesialdinero.com**

CLAVES ESENCIALES DE ESTE CAPÍTULO

1. **Todos tenemos un patrón del dinero arraigado en nuestra mente.**
2. **Dicho patrón está formado por condicionamientos verbales, imitación y experiencias de vida.**
3. **La buena noticia es que puedes identificar y cambiar tu patrón del dinero.**
4. **Para lograrlo, reprograma tu mente con principios y herramientas de éxito que te preparan para triunfar.**

CAPÍTULO 5

ALÉJATE DE LAS DEUDAS

ALÉJATE DE LAS DEUDAS

Muchos de los problemas que enfrentamos en la edad adulta, no existirían si tuviéramos una buena formación financiera desde niños. Debería ser una prioridad que nos enseñaran desde pequeños cómo funciona la economía de consumo y las enormes desventajas de contraer deudas para adquirir bienes y servicios. Vivimos en una cultura de la urgencia y es difícil sustraerse de la "gratificación inmediata" de obtener lo que queremos ahora mismo, aún a costa de endeudarnos.

El grueso de las personas gasta su dinero incluso antes de ganarlo. Viven esclavizados a sus deudas de tarjeta de crédito, un hecho que disminuye considerablemente su capacidad para generar riqueza y lograr su libertad financiera.

En tu camino a la prosperidad económica, el primer paso es eliminar tus adeudos y dejar de contraerlos por completo. Me parece oportuno detenerme en este punto, ya que he notado que cuando tratas de recomendar algo contrario a lo que la mayoría cree que funciona, te encuentras librando una batalla cuesta arriba.

Luego de sufrir en carne propia los graves problemas que implica estar endeudado, pienso que no se debe contraer una deuda bajo ninguna circunstancia; sin embargo, casi nadie cree en esto. Incluso hay quien recomienda precisamente lo opuesto. Otros simplemente no se cuestionan nada: sólo imprimen su firma alegremente a la menor oportunidad para comprar cualquier cosa.

Odio endeudarme. Ni siquiera me llama la atención echar mano de las llamadas "deudas buenas". Sin embargo, reconozco que hay momentos en la vida en los que resulta inevitable (y quizás hasta conveniente) recurrir al crédito.

Desde que me hice responsable de cubrir mis colegiaturas para concluir mis estudios universitarios, me vi en la necesidad de hacerlo con mis tarjetas de crédito. Esa forma de pago no sólo me mantuvo endeudado durante años, sino que al final, incrementó el costo total de mi carrera en más del 60%.

La mentalidad de la mayoría es considerar que resulta imposible vivir sin hacer uso del crédito y caen en deudas con las múltiples opciones que se les presentan en el camino para deslizar la pluma con su firma. Pero construir riqueza a partir de estar endeudado, es más complicado y muchas veces imposible.

En este capítulo te voy a hablar de los mitos más comunes en torno a este tema y te compartiré algunos consejos basados en mi experiencia, que me ayudaron a escapar de la seductora y dañina trampa de las deudas.

DEUDA MALA Y DEUDA BUENA

Actualmente acceder al crédito es mucho más sencillo que antes y por eso es importante comprender que el crédito, es un concepto ambiguo. Muchas personas –como es mi caso– huyen de las deudas a toda costa. Mientras que otras piensan que endeudarse es un mal necesario en el mundo actual y lo hacen con mucha naturalidad.

Ahora bien, he notado que en los últimos años nos han querido convencer por todos lados de lo esencial que resulta diferenciar entre deuda buena y deuda mala, y aunque definitivamente hay una gran diferencia entre ambos conceptos, no debemos perder de vista que aún la llamada "deuda buena" sigue siendo, simple y llanamente, deuda; es decir, una cuenta por pagar. Veamos de qué se trata cada concepto.

Construir riqueza a partir de estar endeudado es más complicado y muchas veces imposible.

Deudas malas - Estas son las deudas para adquirir bienes que se devalúan con el tiempo y tienen un interés alto. Un ejemplo típico es todo lo que compras con tu tarjeta de crédito y que sólo representa un gasto para ti: ropa, joyas, artículos para el hogar, electrónicos, etc. También un préstamo personal, que no está ligado a la compra de ningún activo que te pueda llegar a producir ingresos, es deuda mala.

Deudas buenas - Estas son deudas que adquieres para invertir en activos que generan ingresos, a una tasa de interés baja. Un ejemplo clásico sería la hipoteca de un inmueble adquirido a crédito, con la intención de ofrecerlo en renta para generar un ingreso en efectivo. Otro ejemplo sería el crédito que usas para comprar un auto que pondrás a trabajar como taxi o Uber.

Las deudas buenas son deducibles de impuestos dentro de la operación de ese nuevo negocio que inicias a través de ellas.

Cabe mencionar que debes tener cuidado de no contraer muchas "deudas buenas" que aumenten tu riesgo y te hagan incumplir tus obligaciones de pago.

Es mejor invertir en tu crecimiento conforme tu negocio te lo vaya permitiendo, en lugar de apalancarte para crecer más rápido. No te expongas demasiado al riesgo de no pagar tus compromisos en tiempo y forma, por pedir más dinero prestado del que puedes pagar. En mi opinión, la mejor manera de arrancar un negocio es invirtiendo dinero sin tener que pedir prestado o pidiendo lo menos posible, y dejar que el nuevo negocio produzca el capital que necesitas para comenzar a crecer.

MESES SIN INTERESES

Comprar algo con la condición de que no se te cobrará ningún interés por unos meses, tampoco es una buena idea. Eventualmente te acostumbras a comprar cualquier cosa sin hacer el sacrificio previo de ahorrar para ello, lo que se traduce en un hábito desordenado al usar tu dinero. Por ejemplo, si compras un auto con un crédito de cuatro años a meses sin intereses, debes calcular que el auto se devaluará alrededor de un 50% en los primeros cuatro años. Técnicamente, tu dinero se está devaluando con este mecanismo de compra; quizás no estés pagando un interés de manera directa, pero lo cierto es que tu dinero está perdiendo valor.

Es muy importante que comprendas las estrategias de mercadotecnia que utilizan pequeñas y grandes marcas para hacerte comprar. Las compras a meses sin intereses son una de las más exitosas, porque eliminan la presión del pago total, haciéndote creer que sólo necesitas el primer desembolso para obtener tu recompensa inmediata. Total, ya verás luego cómo ir pagando los otros meses. Además, es típico que casi al momento de adquirir algo a meses sin intereses, la emoción y el gusto que te produjo comprarlo desaparecen, pero lo que no desaparecerá son los pagos parciales que tienes por delante. Así que no caigas en esta trampa.

DEUDAS UNIVERSITARIAS

Este tipo de deudas pueden aumentar tu capacidad de ganar dinero en el futuro, una vez que te gradúas, pero yo no las consideraría "deuda buena", más bien pienso que este tipo de deudas se encuentran en un área "gris", ya que después de concluir tus estudios podrás producir ingresos, pero también puedes pasarte 10, 15 ó 20 años pagando lo que debes.

Ante la posibilidad de endeudarte para sacar una carrera en una escuela privada y cara, mejor plantéate estudiar la misma carrera en una escuela pública de prestigio o cualquier escuela de paga de menor costo. En lo personal no lo pensaría dos veces y me iría por la segunda o tercera opción. Si no lo haces y te endeudas para obtener tu título, será más difícil recuperar tu inversión a través de tu trabajo profesional o de un negocio, una vez que hayas concluído tus estudios.

Por último, no te endeudes para estudiar una carrera con poca demanda en el campo laboral o empresarial, ya que eso hará que pagar tu deuda sea casi imposible.

TARJETA DE SERVICIOS

A diferencia de las tarjetas de crédito que te permiten prolongar tu deuda indefinidamente (siempre y cuando cubras los pagos mínimos mensuales), las tarjetas de servicios te exigen cubrir el total de tu saldo cada mes. Esto resulta provechoso porque puedes adquirir bienes y servicios que necesitas de inmediato y diferir el pago hasta por un mes, aproximadamente. Aquí lo importante es usar estas tarjetas como un mecanismo de administración de tu efectivo y no para financiar un estilo de vida con gastos superfluos. Si pagas el saldo total de tus tarjetas de servicio cada mes y a tiempo, puedes obtener muchos beneficios al diferir tus pagos y tener un flujo de efectivo que se ajuste a tus necesidades, o bien, mediante los programas de lealtad que te ofrecen.

También puedes construir un buen historial crediticio, por si lo llegaras a necesitar para la compra de tu casa mediante una hipoteca.

Sigo enfatizando esto en mis seminarios: la clave de todo esto es la disciplina. No gastes más de lo que puedes pagar y siempre cubre tu saldo total al final del mes. Lo más importante que debes recordar es que, si fallas y no cubres el total adeudado al final del mes, puedes meterte en problemas muy serios, que van desde pagar grandes cantidades de dinero como penalidad, hasta ver tachado tu historial crediticio durante muchos años.

FORMAS EQUIVOCADAS DE SALDAR TUS DEUDAS

Mucha gente está atrapada en un estilo de vida que refleja un estatus por encima de sus verdaderas posibilidades, mismo que mantienen a través del crédito. Empezar a vivir de esta manera es sumamente fácil, pero resulta casi imposible salir bien librado. Una vez que te vuelves adicto a deslizar la tarjeta de crédito en cada oportunidad que se te presenta, es muy difícil cambiar ese mal hábito que te mantiene endeudado, pero lo más grave es que nunca estarás en una posición adecuada para empezar a construir riqueza.

Mi recomendación es evitar todo tipo de deuda y limitarte a pagar tus gastos sólo con efectivo, tarjeta de débito o de servicio.

Hay cada vez más empresas que nos tratan de vender soluciones mágicas para saldar deudas. Te presentaré las más comunes que la mayoría de ellas ofrecen.

Transferir todas tus deudas de tarjetas de crédito a una sola – Esta puede ser una buena opción, siempre y cuando no vuelvas a llenar de deudas las tarjetas liberadas. Si tomas esta alternativa, asegúrate de quedarte con la tasa de interés más baja y cancela todas las tarjetas saldadas que ya no necesitas.

Préstamo con garantía hipotecaria– En este caso, la mayoría de la gente no controla sus gastos y el resultado es que continúan pidiendo prestado después de capitalizarse a través de hipotecar su propiedad. Estas personas acaban pagando cantidades exorbitantes de intereses al adquirir este tipo de préstamos, regularmente siguen endeudándose y debido a los enormes pagos mensuales, terminan corriendo un gran riesgo de perder su casa o de plano perdiéndola.

Deuda consolidada- Si logras que una compañía especializada en consolidación de deuda concentre todos tus adeudos con un "cómodo" pago mensual, asegúrate de no volver a sumar deudas adicionales después de consolidar, ya que sólo conseguirás que el viejo ciclo se repita otra vez, con más deuda que al principio. Aparte de eso, la razón por la que estos pagos mensuales se reducen es porque sólo pagas intereses, el principal queda casi intacto y por eso nunca terminas de pagarlo. Muy pocos programas de consolidación de deuda son serios y casi ninguno funciona para salir del problema de manera definitiva.

Reparación de crédito- Esta opción nunca me ha convencido, pero si logras encontrar una empresa seria, que en realidad lleve a cabo el trámite de reparar tu crédito, es que tienes mucha suerte.

No le demos más vueltas y aceptemos una realidad: la única manera de reparar tu crédito es pagando lo que debes, de otra forma tu historial crediticio jamás se limpia.

Hay compañías sin escrúpulos que hacen de la desesperación por endeudamiento, un negocio lucrativo que raya en lo ilegal, porque simplemente toman tu dinero y no solucionan nada. Antes de arriesgarte a contratar uno de estos servicios, asegúrate de contar con referencias sólidas de personas a las que hayan servido en el pasado. Cuídate principalmente de los que se promocionan por Internet y no tienen presencia física. Mi consejo: ¡Evita caer en esta trampa!

NO TE DECLARES EN BANCARROTA

Otra manera equivocada de terminar con tus deudas es declararte insolvente o en quiebra: es una solución ficticia. Pero si decides irte por este camino, debes estar consciente que es la última carta que te puedas jugar en tu vida financiera, ya que las repercusiones pueden ser muy graves desde el punto de vista legal.

El procedimiento varía en cada país y puede requerir de una serie de declaraciones para comprobar que tu situación económica efectivamente está mal, evaluando todo lo que tienes: propiedades, activos y adeudos pendientes. Por otro lado, en la mayoría de los casos, hacerlo no significa que no vas a pagar tu deuda: implica que vas a establecer un periodo en el que vas a conseguir dinero para pagar todo lo que debes, intereses incluidos, pero el daño a tu reputación es irreversible.

MIL Y UN CUENTOS PARA HACER QUE TE ENDEUDES

Cuando hacemos lo que la mayoría califica como "normal", incluso si es absurdo, ganamos la aceptación de los demás. Esta etiqueta de normalidad hace que ni siquiera nos demos cuenta de la tontería que estamos cometiendo, ya que nuestras decisiones de compra se basan en un aspecto emocional y no racional, pero sobre todo, en un ejercicio socialmente aceptado, también sentimos la presión de demostrar nuestro poder adquisitivo a los demás.

Entonces participamos en el ritual social de adquirir cosas a crédito y al paso de los años, seguimos gastando más dinero del que producimos.

Gracias a nuestros hábitos de endeudamiento, incluso llegamos a predicar que la deuda es necesaria para comprar cosas que, de lo contrario, sería imposible adquirir, cuando es evidente que no es así.

El problema está tan arraigado en nuestra cultura, que las personas ni siquiera imaginan que es posible adquirir un automóvil sin el pago de una cuota mensual, una casa sin hipoteca, o hacer cualquier tipo de compras sin una tarjeta de crédito. Hay quienes incluso alimentan su mentira criticando a quienes se abstienen de contraer deudas para solventar caprichos, bajo el malgastado argumento de que no saben disfrutar de la vida ni del presente.

No se dan cuenta que son esa minoría, la que rehúsa a utilizar su tarjeta de crédito, quienes están en el camino más corto hacia la libertad financiera, si no es que ya se encuentran ahí.

No faltan los que se creen inteligentes y versados en finanzas porque –según ellos– aprovechan las "ventajas" del crédito. La realidad es que la mayoría de ellos están en quiebra o viven al día; así que ten cuidado de quién aceptas recibir consejos. Muchos asesores financieros viven endeudados y otros incluso en la quiebra; entonces ¿por qué escuchar sus consejos?

ERRORES MÁS COMUNES EN TORNO A LAS DEUDAS

Haber estudiado Derecho me ayudó a tener nociones y conocimientos de contratos mercantiles y de arrendamiento, por lo que te recomiendo jamás firmar como obligado solidario, el crédito o renta de bienes inmuebles de amigos y familiares. Si los bancos requieren de un contratante solidario, es porque no esperan que tu amigo o pariente pague su deuda y buscan tener amarrado a alguien que sí lo haga, o sea ¡tú!

Nunca firmes como deudor solidario para el crédito de amigos y familiares

No veas a la deuda como una herramienta que debe usarse para crear prosperidad. La verdad es que las deudas incrementan tu riesgo financiero considerablemente y la mayoría de las veces no traen oportunidades, sino problemas. Si vas a utilizar crédito para hacer negocios, asegúrate de tener tus números claros y saber perfectamente cómo administrar tus recursos para lograr lo que quieres.

De por sí es complicado administrar un negocio y más aun cuando se tiene un crédito atravesado.

También se ha repetido hasta el cansancio que debemos usar el dinero de otras personas para prosperar. Eso es sólo un mito que se ha esparcido por todas las escuelas de administración y finanzas. La realidad es que nadie querrá darte su dinero para que hagas negocios "de saliva" y te hagas millonario. Quien decida darte su dinero para invertir en tu empresa, demandará de ti una administración de recursos puntillosa y la entrega puntual de su inversión y ganancias, así que, si vas a pedir prestado para hacer crecer tu negocio, asegúrate de hacerlo sólo cuando tengas una buena probabilidad de reproducir ganancias suficientes para regresar a tu acreedor el capital prestado, junto con el pago puntual de sus utilidades y/o intereses.

Las deudas generan un nivel de riesgo tal, que es suficiente para neutralizar o incluso convertir en poco atractiva, cualquier potencial ventaja que se pueda obtener a través de ellas, por lo que es mejor evitarlas.

PREFIERE PAGAR TUS VIAJES EN EFECTIVO

La gente cree que las tarjetas de crédito son necesarias para viajar, pero la realidad es que ya no las necesitas para rentar un auto, comprar un boleto de avión o hacer reservaciones de hotel, ya que hoy en día, prácticamente en todo el mundo, los proveedores de servicios de viajes aceptan tarjetas de débito. Siempre llevo una tarjeta de débito y ya no tengo una sola tarjeta de crédito. Si no soy capaz de utilizar mi tarjeta de débito, recurro a mi tarjeta de servicio, que como dije, liquido cada mes. Al hacerlo, evito mantener una deuda que me haga pagar intereses y tener altibajos en mi economía cada vez que salgo de viaje.

Recuerda, las personas sin dinero siempre usan tarjetas de crédito, las personas ricas casi nunca las utilizan ¡Así de simple!

Ya es hora de deshacerte de tus deudas. Cada día te está costando más y más en intereses y oportunidades de negocio perdidas. No lo pospongas, no llegará el día perfecto en que te caiga suficiente dinero en las manos para liquidar todo lo que debes.

Deshacerse de estos compromisos tormentosos uno por uno, es tan fácil como decirle no a las ofertas "tentadoras" y decir sí a pagar en efectivo. En otras palabras, **dile sí al dinero.**

CLAVES ESENCIALES DE ESTE CAPÍTULO

1. **Evita las deudas a toda costa.**
2. **Las deudas buenas te permiten obtener dinero rápido y ponerlo a trabajar, pero no dejan de ser una cuenta por pagar, es decir, una deuda.**
3. **Hay demasiados trucos empleados por las empresas para hacer que te endeudes, no caigas en ninguno de ellos.**
4. **Las tarjetas de servicio te permiten un mejor manejo de tu flujo de efectivo, sólo asegúrate de liquidar el saldo total mes a mes.**
5. **La mejor manera de saldar una deuda es pagándola.**

CAPÍTULO 6

SIMPLIFICA TU VIDA

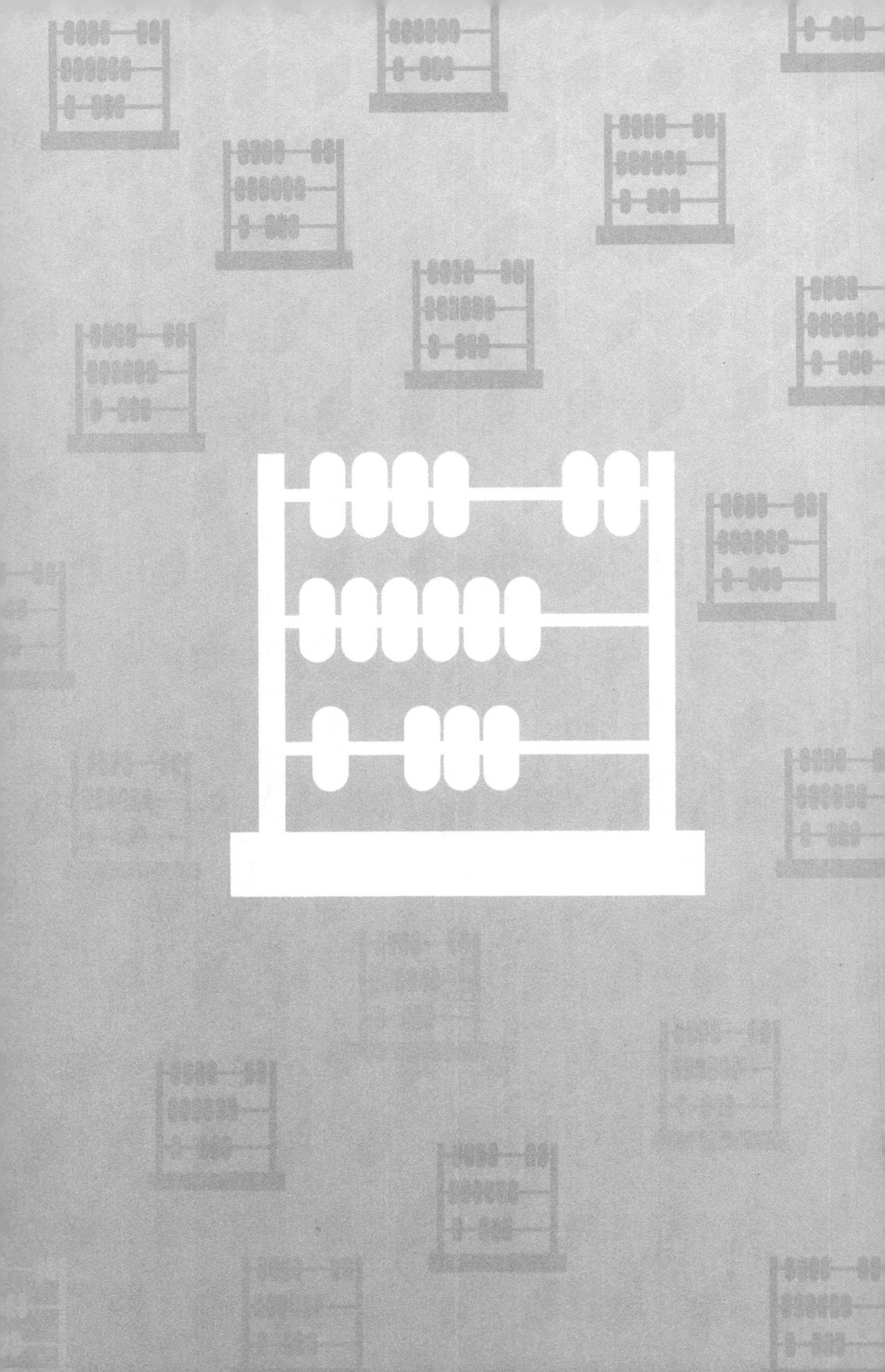

SIMPLIFICAR SIGNIFICA AHORRAR

El concepto de "simplificar tu vida" va de la mano con el ahorro, e implica necesitar menos dinero para vivir. Es una ecuación simple: a menores gastos, mayor ahorro y por ende, más fondos para invertir.

¿Por dónde empezar? Por definir qué significa el éxito para ti. La simplicidad no exige que renuncies a tus valores y aspiraciones, al contrario, es cultivar una imagen de realización en un contexto más humano y menos materialista.

El éxito puede ser compatible con dar lo mejor de ti, formar una familia saludable en un hogar acogedor, alentar amistades y servir a la comunidad. Si eres de los que se preocupan demasiado por lo que piensan los demás de ti, o te preocupa no estar a la altura, entonces necesitas redefinir tu significado del éxito. Quizá estás invirtiendo tiempo, energía –¡y recursos!– complaciendo a los demás y peor aún: tratando de vivir el sueño de otros. Te sorprenderás al descubrir que en muchas ocasiones, el éxito implica llevar una vida más sencilla, evitando conductas hedonistas que la sociedad de consumo quiere imponernos.

¿Recuerdas lo que te decía acerca de la mentalidad adulta de diferir las recompensas inmediatas, para más adelante obtener un premio mayor? Pues de lo que se trata es de empezar a tomar el control de tus finanzas, mediante la adquisición de nuevos hábitos, centrándote en simplificar tu vida y retrasar tus recompensas.

Si vives con gastos excesivos, simplificar tu vida es una tarea difícil que requiere de mucha disciplina. Para que brinde resultados, tendrás que llevarla a cabo en varios frentes, de manera simultánea y permanente.

Ningún cambio importante es sencillo, especialmente al principio. Pero si te enfocas en el resultado final, todo cobra sentido y las cosas se tornan cada vez más fáciles.

En mi experiencia, simplificar mi vida representó el paso definitivo para lograr por fin mi libertad financiera, así que pon mucha atención, porque estos son sólo algunos de los pasos que puedes tomar para lograr el control de tu dinero, aumentar tus ahorros y tener más fondos para invertir en tu camino la riqueza.

UNA SOLA PALABRA PARA EMPEZAR A SIMPLIFICAR

Si quieres ganar el juego del dinero, tienes que aprender a decir una palabra milenaria que tiene muy mal prestigio hoy en día. Esta palabra es un indicador de madurez emocional y una muestra irrefutable de esta sensatez, es la habilidad para postergar las recompensas. Puede que no la hayas pronunciado en algún tiempo, incluso hay quien no está acostumbrado a decirla ni escucharla nunca y se le considera ofensiva e intolerante. Mencionar esta palabra puede hacer que te expulsen de algún grupo y la gente puede llegar a sentir deseos de desterrarte por decirla en su presencia.

Esta palabra milenaria es muy desagradable, así que prepárate, es...

"NO"

¿Alguna vez has dicho que sí cuando en realidad querías decir no, pero preferiste evitar tensiones y conflictos? Sé que hay muchas razones para evitar decir "no" a alguien que respetamos y amamos, pero ¿cuánto nos puede costar decir que sí, cuando realmente queremos decir "no"? ¿Qué tan difícil es para nosotros decir: "No, gracias. Tengo un proyecto personal a largo plazo y lamento decepcionarte en esta ocasión"?

Te voy a dar unos ejemplos para que practiques cómo decir la palabra milenaria y así puedas empezar a simplificar tu vida:

- **No, no podemos ir a cenar hoy.**
- **No, no podemos ir de viaje en esta ocasión.**
- **No, no podemos comprar ese aparato por ahora.**
- **No, no podemos irnos de crucero durante el verano.**
- **No, no podemos comprar un coche nuevo.**
- **No, no estoy de acuerdo en dividir la cuenta en partes iguales.**
- **No, no podré asistir al reencuentro de compañeros de generación.**
- **No, no podemos quedarnos en ese hotel tan caro.**
- **No, no podemos mandar ese regalo tan costoso.**
- **No, no podemos ni necesitamos comprar nada en esta tienda.**

Por cierto, usar esta palabra en casa evitará además esos problemas futuros que producen niños berrinchudos.

El poder de esta palabra radica en su capacidad para evitar la distracción, la pérdida de tiempo y el despilfarro de energías. Aprender a decir NO es prepararse para decir sí a las cosas importantes ¿Y cómo saber cuáles son esas cosas importantes? Cuando simplificas tu vida comienzan a aparecer entre los escombros de cosas inútiles que vas quitando a tu paso. Decir NO a los lujos innecesarios, al mal manejo de tus finanzas, a la pérdida de tiempo, a todo aquello que inyecta estrés a tu día, es prepararse para decirle **sí al dinero.**

Puede que los ejemplos anteriores suenen un poco absurdos para los estándares modernos, hasta que descubres que adoptar hábitos de consumo que aligeren tu presupuesto, es la mejor manera de eliminar tu miedo a salir de tu zona de comodidad. No olvides que sólo podemos crecer cuando nos alejamos de ella.

Los ejemplos anteriores muestran que vivimos en una cultura que privilegia las recompensas inmediatas, por encima de nuestros proyectos a largo plazo y que muchas veces actuamos por presión social y no por convicción. La gente quiere verse bien, pero se olvidan de estar bien.

Prefieren tener la apariencia de riqueza frente a sus parejas, parientes y amigos, asumiendo gastos que realmente no pueden hacer.

Seguramente te han invitado a una de esas llamadas bodas-destino, donde la pareja decide casarse en un lugar paradisíaco y para no quedar mal con tus amigos, confirmaste tu asistencia, incluso cuándo te tomó mucho tiempo y estuvo fuera de tu presupuesto. Quizás hasta tuviste que endeudarte para estar ahí.

Debido a que una boda debe ser una ocasión feliz, llena de amor, alegría y algo de ansiedad porque todo salga perfecto; no puedes decirles que asistir al evento implicará gastos que apenas puedes pagar y que te representará una nueva deuda. Es algo que ni siquiera estaba entre tus prioridades. Y a pesar de lo anterior, confirmas tu asistencia para no quedar mal.

Hay mil maneras de caer en la trampa cada día: se te cruza una oferta para viajar a mitad de precio a ese lugar que siempre soñaste. Se organizó el viaje de graduación de tu hija en un crucero por el Caribe. Otra súper oferta al 2x1 en tu tienda de zapatos favorita y esas frecuentes salidas de fin de semana con amigos que piden como reyes y dividen la cuenta en partes iguales, cuando tú sólo pides un par de tragos en toda la noche.

Tomar el control de tus finanzas, significa eliminar aquellos gastos que están por encima de lo que puedes desembolsar para garantizar tu estabilidad financiera. Gastar como si no hubiera mañana producirá sólo una satisfacción temporal. Por el contrario, estar bien contigo mismo, tener una familia unida, sentirte satisfecho con tu carrera y con lo que haces, así como gozar de estabilidad en tus finanzas, te produce una satisfacción interna constante y más gratificante.

No estoy diciendo que esos gastos nunca valgan la pena ¿a quién no le gusta disfrutar de las cosas que nos producen placer?

Pero si en verdad quieres lograr tu libertad financiera, debes de pagar el precio y diferir tus recompensas inmediatas para obtener el premio mayor: poder elegir trabajar por gusto y no por necesidad.

Logra primero eso y después podrás darte todos los gustos que desees. Empieza a vivir con mesura para que algún día vivas con holgura.

AHORRO, EL HÁBITO FUNDAMENTAL

El ahorro es una cantidad de dinero que guardas y que resulta de la diferencia entre tus ingresos y tus gastos. Es uno de los vehículos más importantes para hacer frente a eventos imprevistos. Los ahorros también se pueden utilizar para invertir y lo más importante, producir riqueza.

Antes de cumplir 10 años, recibí de mis padres el mejor regalo que me han dado en la vida: una alcancía de barro en forma de piña de tamaño natural. Fue mi primera alcancía y por alguna razón, me cautivó la idea de meter monedas hasta llenarla, para después quebrarla y comprarme lo que más quisiera.

La piña se convirtió en mi juguete favorito, apenas llegaba de la escuela iba por mi alcancía a mi recámara y no me despegaba de ella en todo el día. Mi principal objetivo era que cada día pesara más y más. Por aquellos días y sin saberlo, empecé a desarrollar el hábito del ahorro, mismo que he mantenido hasta hoy.

El día que rompí mi piña, volaron pedazos de barro por todos lados y no pude creer la enorme cantidad de monedas y billetes que salieron de ella. Fue tal el gusto que me dio, que lo primero que hice fue pedirle a mi mamá que me llevara al mercado a comprar otra alcancía de barro para empezar a ahorrar de nuevo. Después de eso, me compré una radio con tocacintas que aún recuerdo vívidamente.

Desde aquel momento y hasta que cumplí 30 años, siempre tuve una alcancía de barro guardada en mi closet; ahí depositaba monedas y billetes que me iban sobrando y cada vez que las quebraba, lo que obtenía me ayudaba a conseguir algo importante. Por ejemplo: aún cuando ya tenía mi negocio de eventos, pude completar el pago de mi primer auto sólo después de romper mi cochinito.

Empieza a vivir con mesura para que algún día vivas con holgura.

Ahorrar es uno de los hábitos más importantes de todo aquel que busca lograr su libertad financiera y el primer paso, es mantener una cuenta de ahorros totalmente separada de tu cuenta regular de gastos de vida. Por cierto que las alcancías siempre son una excelente opción para los niños y para los no tan niños.

SIGUE AHORRANDO TODA TU VIDA

Si has llegado a este capítulo del libro, ya sabes que hay muchas maneras de administrarte adecuadamente. Si lo haces, todo cambiará para bien. Pregúntate: ¿Qué pasaría si la gente empezara a manejar sus recursos inteligentemente? Muy fácil, el mundo sería distinto y habría seguridad financiera en más hogares.

Administrar tus ingresos con disciplina no es fácil: implica sacrificios todos los días durante muchos años, pero a la larga resulta la mejor opción.

Si lo piensas bien, a nadie le importa el auto que manejas ni qué marca de ropa usas, sólo a ti. Entonces ¿Qué caso tiene gastar dinero que no tienes, en cosas que no necesitas, para impresionar a alguien a quién no le importas? Vivir así sólo te traerá frustraciones, pobreza y mucho estrés.

En lo que a finanzas personales se refiere, la mayoría de la gente vive al día, pero cuando empiezan a manejar su dinero eficientemente, todo cambia. Yo mismo pasé por eso.

Jamás pienses que sólo cuando tengas mucho dinero empezarás a administrarlo, ese es uno de los errores más comunes, porque en realidad es al revés: cuando lo administras, empiezas a tener mucho.

Cuando administras tu dinero, construyes tu riqueza.

CLAVES ESENCIALES DE ESTE CAPÍTULO

1. **Simplificar tu vida significa necesitar menos para vivir bien.**
2. **Aprende a decir NO y comienza a simplificar hoy.**
3. **El secreto para construir riqueza es tomar el control de tu dinero.**
4. **Ahorrar es un hábito para toda la vida.**
5. **Es más importante empezar a administrar tu dinero, que la cantidad de dinero que administras.**

CAPÍTULO 7

¿CÓMO AHORRAR?

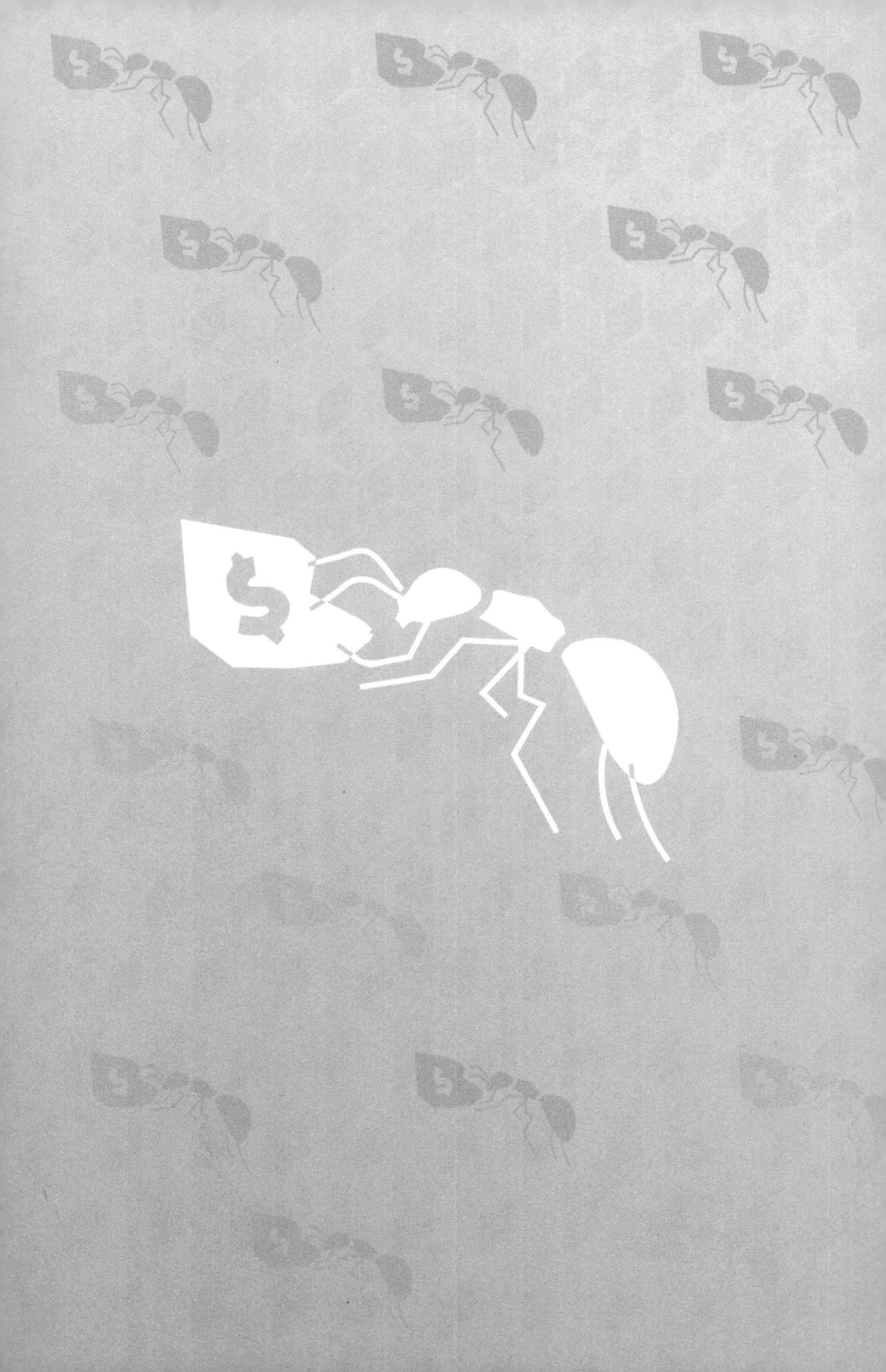

Recuerda que cada dólar ahorrado es un paso adelante. Nunca creas que un monto que logras economizar es poca cosa. Piensa en esto: si por el simple hecho de cambiar de compañía de seguro de tu auto, te ahorras $120 dólares al año, es como si te encontraras en la calle un billete de $10 dólares ¡CADA MES! ¿Acaso dejarías en el suelo ese billete lleno de lodo con tal de no ensuciarte? No ¿verdad? ¡Lo levantarías y te alegraría el día! Pues eso mismo quiero que pienses cada vez que logres ahorrar, aunque sea $10 dólares en alguno de tus gastos. Cada dólar ahorrado será un paso más en tu camino a la riqueza.

Invierte la ecuación, así como hay cosas pequeñas en las que gastas tu dinero, planifica hacer pequeños ahorros siempre que sea posible y valga la pena.

PÁGATE A TI PRIMERO

Esta es una frase muy popular en las finanzas personales. "Págate a ti primero" significa destinar de manera automática un monto de ahorro específico, inmediatamente después de que recibes un cheque, y es la mejor manera que conozco para efectivamente ahorrar, a pesar de cualquier obstáculo que se te presente.

Si arreglas que se derive un porcentaje de cada cheque que recibes, de manera automática a tu cuenta de ahorro, te estarás pagando primero, incluso antes de empezar a realizar tus gastos cotidianos o pagar tus deudas, y esta es una forma muy efectiva de hacer tus aportaciones de ahorro cada mes.

Recuerda que incluso cuando tienes que pagar el alquiler, el seguro del coche y las colegiaturas, tienes que reservar una cantidad para tus ahorros. De hecho, es lo más importante que debes considerar.

Antes de pagar facturas, comida o cualquier otra cosa, tienes que reservar un porcentaje fijo de cada cheque de tus ingresos para fondo de reserva. Si tu cuenta de ahorro te ofrece una rentabilidad anual, cuánto mejor. Si no te alcanza para cubrir la colegiatura, tendrás que hablar a la escuela para avisar que el pago llegará más tarde. Si no te alcanza para la comida, me imagino que tendrás que ponerte a dieta de manera forzada, pero siempre págate a ti primero. ¿Queda claro este punto?

Pagarte primero a ti es más simple de lo que crees, lo más difícil es empezar, pero si lo haces, estarás en la ruta correcta hacia la libertad financiera.

Tus decisiones de compras diarias tienen un fuerte impacto en tu vida. Es el caso de los gastos "hormiga" que son los más peligrosos para tu bolsillo, porque al ser graduales y "poco" significativos, no te permiten medir la magnitud del problema. Por ejemplo, gastar en tu café todas las mañanas antes de llegar al trabajo. El importe diario puede parecer poco, pero si lo consideras dentro de un término anual, cobra otra dimensión totalmente distinta. Un café cappuccino, por ejemplo, llega a costar alrededor de $3 dólares y si lo tomas 20 días al mes, te da un total de $60 dólares. Sin embargo, si consideras cuánto te costará por año, son $720 dólares, y eso es sólo por el café antes de ir a trabajar.

Si además acostumbras comer fuera cuándo menos una vez al día, durante los mismos 20 días, pues habría que agregar mínimo otros $10 dólares a tu gasto diario, lo cual se traduce en $200 dólares por mes y $2400 dólares por año. Al final, habrás gastado $3120 dólares en un año, entre tu café y comer fuera.

Si en realidad quieres avanzar en tu proceso de ser libre financieramente, debes hacer un esfuerzo para ahorrar. Si realmente tienes que tomar tu café de la mañana o comer fuera durante tu hora de almuerzo, entonces busca alternativas más eficientes.

Si crear fortuna fuera sencillo el planeta estaría lleno de millonarios, pero pocos deciden llevar a cabo los sacrificios necesarios.

Como en el ejemplo anterior, todos los rubros de gasto de tu presupuesto afectan tu balance mes a mes y son susceptibles de mejorar. Aquí tienes otro ejemplo: si tu recibo de electricidad viene muy alto, considera cambiar el aire acondicionado por ventiladores; tan sólo este cambio puede reducir hasta en un 70% tu gasto mensual. Yo mismo resolví así ese problema y al final ni siquera resultó ser un sacrificio; de hecho, se volvió una excelente opción para refrescar la casa, disfrutar y respirar aire fresco y obviamente ahorrar cada mes.

Si sumas la cantidad ahorrada al obviar el café y las comidas fuera (o al traer ambas cosas desde casa), al ahorro por uso de ventiladores en lugar de aire acondicionado, seguramente tu cantidad acumulada anual, alcanza para hacer una inversión que te produzca un ingreso pasivo.

Estos cálculos son reales, hazte la siguiente pregunta: ¿dónde estoy dejando mis ingresos? Elimina los "gastos hormiga" y trabaja en reducir tus grandes gastos y cualquier erogación innecesaria. Te he dado dos ejemplos, pero estoy seguro de que tienes muchas otras áreas de oportunidad para equilibrar tu presupuesto y lograr tus excedentes.

Recuerda que al final de mes, lo ideal es terminar con un excedente y lo más importante: por ningún motivo lo gastes.

Insisto, deposita tus ahorros en una cuenta de banco separada de tu cuenta regular. Si no lo haces, olvidarás que son tus ahorros y las posibilidades de gastarlos son muy altas.

Por último, tus ahorros deben tener un fin específico de inversión (eso te ayudará a motivarte para mantener el hábito), y no hay nada mejor que tener una meta clara y por escrito. Para dar ese paso importante, registra tanto la cantidad específica que necesitas, como la opción en la que planeas invertirla. ***Recuerda que si no lo puedes ver, no lo puedes obtener.*** Ten total claridad de cuánto necesitas acumular y en qué lo vas a invertir. Cuando llegue el momento, no dudes en continuar con tus planes de inversión.

Aquí hay otra cosa importante; si no sabes dónde o cómo invertir tus ahorros, sigue ahorrando de todas formas. No dejes de hacerlo hasta que sepas que hacer con ese fondo.

PRÁCTICAS INTELIGENTES EN EL MANEJO DE TU DINERO

En los capítulos anteriores, mencioné la enorme importancia que tiene que manejes tu dinero de forma inteligente, para lograr tener ahorros e invertirlos en algún negocio. También te hablé de los hábitos de consumo de los millonarios, quienes no sólo no malgastan en caprichos y en cosas que no necesitan, sino que aprovechan cada oportunidad que se les presenta para gastar de manera inteligente y ahorrar para invertir, después de cubrir todos sus gastos.

A continuación te presento más ideas, sobre cómo sacar el máximo provecho de tus recursos:

Opta por muebles usados – Si te gusta vivir en espacios decorados de manera original, compra muebles usados en bazares o páginas web y dales mantenimiento en caso de ser necesario. Es increíble la cantidad de muebles de calidad con diseños atractivos que puedes encontrar por ahí, a menos de la mitad de lo que pagarías por piezas nuevas fabricadas con materiales poco durables. Si haces esto, no sólo tendrás piezas únicas y duraderas, sino que ahorrarás importantes sumas de dinero.

No caigas en promociones por teléfono – Jamás aceptes comprar algo que te ofrecen por teléfono. Nunca he podido entender cómo alguien decide aceptar que le apliquen un cargo a su tarjeta de crédito, por algo que le ofrecen a través de una llamada telefónica y que ni siquiera estaba pensando adquirir.

Usa o repara esa prenda en tu guardarropa – Asegúrate de usar todas las prendas de vestir en tu armario. El gasto promedio de una persona en ropa, es de por sí razón suficiente como para aprovechar al máximo todo su ajuar, por lo que si es necesario, manda a reparar lo que esté en buenas condiciones y prolonga su uso.

Descuentos de Temporada – Aprovecha las ofertas y ventas de temporada para comprar lo que necesitas. En tu vida como en los negocios, los ahorros se traducen en una economía saludable.

Usa cupones o tarjetas de descuento – Para alcanzar tu libertad financiera, no se trata sólo de ahorrar unos pocos dólares en el momento actual, sino de cuánto puedes ahorrar e invertir a lo largo de los años.

Confía en las listas – Cuando vayas al supermercado, ve preparado con una lista de lo que vas a comprar. Eso te ahorrará tiempo y evitará que caigas en compras impulsivas.

Nunca trates de hacer tú mismo las labores de mantenimiento casero – Es más conveniente en todos los sentidos dejar que un especialista lo haga. Hacerlo tú puede salirte mucho más caro, si consideras no solo el tiempo que invertirás, sino la compra de materiales y herramientas y el hecho de que nada te garantiza que quede igual de bien que a un profesional. Recuerda que lo barato puede salir caro. Piensa a largo plazo y en la relación costo-beneficio de contratar a un experto en lugar de hacerlo tú mismo. Si a pesar de este consejo, insistes en realizar tú el trabajo en lugar de contratar a un especialista, significa que no has comprendido el concepto de apalancamiento.

Cuida tus cosas y te durarán mucho tiempo – Si sigues este principio que seguramente te enseñaron tus padres, ahorrarás una fortuna evitando comprar de nuevo aquello por lo que ya pagaste en el pasado.

Dale mantenimiento a tus bienes – en mi casa siempre he seguido la regla de que todo lo que tengo debe verse bien y funcionar a la perfección. Si algo no funciona debidamente, lo mando componer de inmediato y cuando ya no hay nada que pueda hacer, simplemente lo reemplazo. Nunca guardes cosas inservibles, el espacio que ocupan tiene un costo monetario y de energía para ti.

Paga un alquiler razonable – Nunca pagues un alquiler que exceda el 30% de tus ingresos mensuales. Si lo haces, es mejor encontrar otro lugar para residir; de lo contrario, nunca podrás tener suficiente dinero para tus ahorros e inversiones.

Evita vivir en barrios lujosos – Si su situación financiera está mejorando, evita vivir en un barrio de moda o en el vecindario de los ricos. Además de ser costoso, eso solo te acercarán a restaurantes y tiendas de lujo donde puedes incurrir en más gastos y deudas.

Alquila un lugar con un acompañante – Si eres joven y vives solo, aprovecha la oportunidad de compartir una casa o apartamento con uno o más compañeros, con lo cual tu pago de renta mensual puede reducirse a la mitad o incluso más.

No le apuestes a la seguridad social – No es una buena idea pensar en tu jubilación con base en un plan de seguridad social. La mayoría de los fondos de retiro gubernamentales ya no funcionan. Las cuotas que hoy pagan los asalariados son las que están sufragando las pensiones de los ya jubilados, pero es bien sabido que estos esquemas son una especie en extinción. Incluso los fondos de retiro privados no son ninguna garantía.

Mantén el ejercicio simple – La membresía en un gimnasio de lujo no debe ser una prioridad. Si quieres hacer ejercicio, considera comprar un par de tenis para correr y algunas pesas. Si realmente prefieres ir a un gimnasio, busca uno cerca de ti con precios razonables. No perderás más kilos pagando mensualidades más caras.

Evita los juegos de azar – No juegues en casinos ni apuestes en eventos deportivos. Sobre todo, no juegues a la lotería. ¿Sabías que tienes mejores probabilidades de ganar una medalla de oro olímpica, ir al espacio o convertirte en el presidente de tu país, que de ganar la lotería? El problema es mucho mayor si haces de las apuestas un hábito, no caigas en ese error.

Comienza a ahorrar a una edad temprana – Independientemente de tu edad, es importante que comiences a ahorrar ahora, tu futuro financiero te lo agradecerá. Ahorrar también te ayudará a adoptar la mentalidad de inversionista y te enseñará las habilidades necesarias para administrar tus finanzas correctamente.

CUÍDATE DE LA MERCADOTECNIA

La finalidad de todo negocio es obtener ganancias, de lo contrario terminan por cerrar sus puertas. Es por eso que desde que se inventó la mercadotecnia, somos bombardeados constantemente con anuncios publicitarios que nos invitan a comprar un producto o contratar algún servicio.

La mercadotecnia es tan poderosa, que todos podemos recordar slogans o cantar de memoria algunos jingles publicitarios de comerciales que se grabaron en nuestra mente para siempre.

Las grandes marcas buscan a toda costa influir nuestras decisiones de compra para captar nuestro dinero y lo peor del caso es que lo están haciendo muy bien; porque casi siempre caemos en los artilugios del *marketing* y nos hacemos con productos que realmente no necesitamos.

Durante los años que operé mi negocio de producción de eventos, el 95% de mis clientes fueron corporaciones internacionales que aprovechan el canal de comunicación que les brinda el organizar eventos en vivo, para llevar a cabo las más novedosas y vanguardistas estrategias de marketing y gracias a eso, aprendí que dichas estrategias están minuciosamente diseñadas para motivarnos a comprar. ¿Cómo? llegando a lo más profundo de nuestro subconsciente.

Puedes darte cuenta qué tanto influye la mercadotecnia en tus decisiones, echando un vistazo a tu alrededor y viendo qué cosas compras con regularidad.

No te equivoques. Las empresas y sus marcas no son entes mal intencionados ni mucho menos, sólo hacen su trabajo para generar utilidades y se valen de todo tipo de herramientas para que les entregues tu dinero, a cambio de sus productos y servicios.

Utilizan maniobras para ofrecerte facilidades de pago, entregarte tarjetas de lealtad con recompensas por tus compras, poner a tu alcance descuentos irresistibles y responder a todas tus objeciones mediante vendedores capacitados, con tal de convencerte de adquirir sus productos.

En general, se valen de todo tipo de trucos para eliminar la fricción que provoca gastar dinero: ventas por teléfono, promociones por liquidar con plástico, compras por Internet, pagos con escaneo usando tu celular –en tiendas donde ya no hay cajeros cobrando al salir– y cualquier otra forma de hacerte pagar con todo, menos dinero en efectivo.

Otra manera para saber qué tácticas de marketing te están haciendo comprar, es revisar si en tu entorno hay algo que no uses y te hace sentir remordimiento por haber gastado en ello. ¿Recuerdas qué te motivó a comprarlo? O bien, analiza cuáles compras te han hecho sentir bien, por tratarse de cosas que sí usas. Este sencillo ejercicio te ayudará a detectar qué te motiva a comprar, para a tomar mejores decisiones y evitar las compras por impulso.

Por último, presta atención a la estrategia publicitaria de hoy en día, que retrata la idea de que al adquirir ciertos productos o servicios, estás definiendo quién eres como persona.

Así es, vivimos en un mundo en el que la autenticidad ha sido erradicada y hoy, la publicidad quiere venderte la idea de que puedes ser "auténtico" por usar una marca de ropa determinada o consumir una bebida. No te dejes engañar por esos slogans pomposos, que quieren convencerte de que el producto que promueven te servirá para expresarle al mundo tu "valor existencial".

Este nuevo estilo de hacer mercadotecnia en la que todo tiene que ser "profundo", me parece de lo más desagradable. Entonces, abre bien los ojos y no caigas en la absurda trampa publicitaria de las frases rebuscadas.

Algunos eslogans, incluso llegan a esforzarse por ser "poéticos". Sólo recuerda que todas estas estrategias están diseñadas con el mismo motivo: venderte algo.

Y si tienen que recurrir a mentiras, es porque su producto no es tan bueno como dicen que es.

Por último, toma nota de que muchas de estas empresas que lanzan mensajes "sentimentales" sobre "potencial humano" y "virtudes de la vida", son en realidad las que tratan a sus trabajadores de la peor manera.

LA DIFERENCIA ENTRE LO QUE QUIERES Y LO QUE NECESITAS

El marketing se vale de técnicas de persuasión para convencerte de que necesitas un producto o servicio, cuando en realidad no es el caso. A veces, los estrategas que utilizan éstos métodos de comercialización, crean una necesidad donde no existe, e incluso llegan a convertirla en un deseo dentro de la mente del consumidor.

Tienes que ser capaz de distinguir entre lo que quieres y lo que realmente necesitas.

El marketing es omnipresente y para tener control total de tu dinero, debes saber que las grandes marcas no están jugando. Cada día desarrollan nuevas fórmulas, muy poderosas, para venderte sus productos e influir en tu mente. Es tan voraz la competencia, que la mercadotecnia no sólo consiste en posicionar marcas y productos para presentarlas como únicas en su nicho; de hecho, su principal meta es convencer al consumidor de que sus productos son una necesidad y más aún, algo deseable e irresistible.

Tomemos como ejemplo el costoso y anticuado servicio de cable, que hoy en día puedes sustituir por YouTube o televisión *on demand*. Estas dos opciones no sólo son gratis o más accesibles en costo, sino que, en mi opinión, tienen mejores contenidos y la flexibilidad de ver lo que quieres a la hora que decides.

En mi casa, inicialmente optamos por no cancelar el servicio de cable de televisión tradicional, porque pensábamos que nos aburriríamos sin él, pero finalmente lo hicimos y lo cierto es que el cambio ha sido muy favorable: Aparte de que ya no gastamos tanto dinero en las mensualidades, hemos encontrado que los contenidos *On Demand* se adaptan mejor a nuestra predilección. Ahora elegimos lo que queremos ver en plataformas online, y con un ahorro del 90% ¡Increíble!

Elimina tus deudas, ahorra, invierte y logra tu libertad financiera.

Otro ejemplo es el gasto desmedido en vacaciones. Todos tenemos mil razones para justificarlas: "porque trabajé todo el año y me lo merezco", "porque ya me toca", etc. La realidad es que si estás endeudado, cualquier monto destinado a vacaciones debe irse a liquidar esa deuda, o tal vez puedas incrementar tu fondo de ahorro o alguna de tus inversiones. No te dejes engañar por las fotos en revistas de viajes y las páginas web de esos destinos exóticos en las que todo parece increíble, ¡empezando por las tarifas y descuentos! Luego nos imaginamos en una hamaca colgada entre dos palmeras, un cóctel de piña colada en la mano decorado con flores y música de calipso en el fondo... y el marketing logra de nuevo su objetivo.

Si no puedes pagar con efectivo, mejor no salgas de vacaciones. Opta por quedarte en tu ciudad y disfrutar de tu tiempo libre, sé creativo, programa salidas a sitios divertidos al alcance de tus posibilidades. Organiza juegos de mesa en casa, sal con tu familia al parque. En resumen, no hagas planes costosos ¿Hace cuánto que tienes esas bicicletas oxidándose en el patio? ¿Por qué no salir a dar una vuelta en familia?

A todos nos gusta ir con amigos y familiares a comer a algún restaurante. Al igual que sucede con las vacaciones, si quieres salir y gastar sin remordimientos, primero pon en orden tus finanzas, salda tus deudas y planea comer fuera siempre que tengas el dinero en efectivo para hacerlo, evitando usar tus tarjetas de crédito. Aprende a disfrutar tus comidas en casa, eso es algo que hoy no cambio por nada en el mundo.

No compres alimentos "gourmet" cuando vayas al supermercado; elige opciones sanas y nutritivas y todo aquello que te guste, pero sin pagar el sobreprecio que te quieren imponer las marcas "más prestigiadas". Que no te vendan la falsa idea de que sólo la comida cara sabe bien. Tú y yo sabemos que eso es mentira. Tu objetivo en este contexto es siempre el mismo: poner tus finanzas en orden, salir de deudas y eventualmente, lograr tu libertad financiera. ***Cuando obtengas eso, podrás darte los gustos que quieras y de la mejor manera: sin presiones ni culpas.***

Además, deja de comprar juguetes tecnológicos que nunca dejan de salir al mercado. No necesitas el último celular a precios por las nubes, sácale todo el jugo posible al que tienes ahora mismo, o bien, adquiere un dispositivo que te conecte con el mundo y tenga las funciones básicas que todos usamos, pero sin pagar un ojo de la cara por ello. Si no puedes adquirir ese celular que tanto quieres en un solo pago y sin afectar otros gastos urgentes, no lo compres ¡punto! En lugar de ello, busca otro aparato que se ajuste a tus posibilidades y que te sirva para comunicarte sin problemas. Hace unos años nadie tenía acceso a tanta tecnología y no pasaba nada grave.

LOS LUJOS PUEDEN VOLVERSE UNA ADICCIÓN

La mayoría de nosotros hemos probado algún tipo de droga. El café por las mañanas te da un pequeño impulso. El alcohol te desinhibe y te hace más amigable. Algunos medicamentos además de curarte, te relajan. Cada vez es más popular el uso de la marihuana para disminuir el dolor en algunos pacientes y para muchos, resulta un potenciador cuando se trata de generar ideas creativas y ver las cosas de la vida con mejor humor. Sin embargo, las drogas –como todos los placeres– vienen con un equilibrio de efectos positivos y negativos, y una sobredosis de cualquiera de estas sustancias puede derivar en una mala experiencia física y mental. Lo que en un momento es agradable, puede tornarse en un malestar cuando se usa sin medida.

Lo mismo puede decirse de los lujos. Recuerdo la primera vez que viajé a Europa: tomé mi vuelo en Nueva York y al llegar al mostrador de la línea aérea, le hice un comentario acerca de sus lindos ojos a la empleada que me atendió. Ella no hizo más que cerrar mi paquete de documentos, con un pase de abordar sin número de asiento y me dijo lo siguiente: "tu lugar te será asignado en la sala de espera". Por un momento pensé que se había molestado por mi comentario y sin decir más, tomé mis documentos y me fui a la sala indicada.

La volví a ver en la zona de embarque y cuando ya habían entrado al avión casi todos los pasajeros, alguien fue mencionando por el altavoz los nombres de los que aún no abordábamos. Cuando escuché mi nombre, me acerqué a la misma señorita de los ojos lindos, un poco cohibido. Llegué a pensar en disculparme por mi comentario y explicar que sólo estaba siendo amable. Ella me entregó un nuevo pase de abordar y me deseo un vuelo placentero. Al cruzar la puerta del avión, el sobrecargo me señaló mi lugar y al dirigirme hacia él, descubrí que me habían asignado lugar en clase ejecutiva.

No podía creer que mi primer viaje a Europa sería en un Boeing 747, disfrutando de esa increíble cortesía. "No hay duda de que ser amable y sincero puede traerte sorpresas muy agradables", pensé.

Acomodé mi mochila en el compartimento e inmediatamente noté el contraste entre mis pantalones de mezclilla y mis tenis, con los asientos de reluciente cuero obscuro, diseñados para los viajeros de negocios. Tan pronto como ocupe mi lugar, una sobrecargo me entregó una copa de champagne y un estuche con todo tipo de amenidades para el viaje.

Los asientos eran tan espaciosos que se inclinaban como una cama. A mi lado, en un paquete cerrado, había una almohadilla de algodón y un cobertor delicioso al tacto. Pero lo mejor de viajar en clase ejecutiva, es sin duda el servicio de alimentos y bebidas: botanas y vinos finos, cócteles; platillos de alta cocina con una gran variedad de guarniciones y postres. Todo servido en pulcros manteles con vajillas de porcelana. Y para cerrar con broche de oro: un delicioso desayuno caliente antes de aterrizar.

Recuerdo ese vuelo perfectamente ya que fue mi primera experiencia viajando en clase ejecutiva, y creo que nunca lo olvidaré. Aquel día conocí el deleite de sentirme importante. "Soy de grandes ligas y este es el tratamiento que merezco" –pensé– ¿Por qué tomar otro vuelo en la clase económica? ¡Qué horror!

Mi experiencia en ese momento habría sido comparable a tomar una droga que te hace sentir grande y poderoso. Los lujos de este tipo pueden embriagarte, a tal grado que aquél día, tan pronto salí del avión (tenía 22 años en ese momento), empecé a pensar que así debía viajar siempre en el futuro ¡Qué inocente!

La opulencia en exceso puede ser adictiva.

Piensa en esas estrellas de cine que exigen en sus contratos cosas que rayan en lo absurdo y que, si no se cumplen, arman un escándalo con quejas y lloriqueos que pueden derivar en una costosa penalización y hasta una demanda.

La palabra "lujo" proviene del "luxus-us" que significa "vida extravagante". También significa "exceso dislocado", por eso cuando un hueso se sale de su lugar decimos que está "luxado".

Así que ten cuidado, porque los lujos pueden dislocar tus planes para lograr la libertad financiera. Cuando te metes en el angosto rincón de la ostentación, tu perspectiva del mundo y tu capacidad para sobrevivir y prosperar, se contraen drásticamente, entonces tu margen de acción disminuye y tus sueños de repente se apagan. Como cualquier droga, el lujo puede ser divertido de vez en cuando. Pero maximizar las comodidades en todas las áreas de tu vida, hasta el límite de lo que puedes pagar, o peor aún, de lo que puedes firmar, ¡Qué locura! Eso equivale a un hombre con cirrosis que busca la botella de ron, mientras los cirujanos intentan realizarle un trasplante de hígado.

No me malinterpretes, no estoy en contra de una vida lujosa. Muchos lujos son la culminación del arte, la ciencia y el esfuerzo de personas que realizan un trabajo honorable y bien vale la pena pagar por ellos, cuando se tiene el dinero suficiente. Pero no te dejes engañar, no conviertas el lujo en una adicción.

CLAVES ESENCIALES DE ESTE CAPÍTULO

1. Ahorrar dinero es el hábito fundamental para lograr tu libertad financiera.
2. Págate a ti primero y ahorra automáticamente tan pronto recibas un cheque.
3. Obtén el máximo provecho de tu dinero, administrándolo inteligentemente.
4. Cuídate de la mercadotecnia y evita compras impulsivas.
5. Diferencia entre lo que quieres y lo que necesitas y toma el control de tus finanzas.
6. Ten al menos dos cuentas bancarias: una para gastos y la otra para ahorros.
7. Los lujos en exceso pueden dislocar tus planes para lograr tu libertad financiera.

TU NEGOCIO

CAPÍTULO 8

LA SISTEMATIZACIÓN DE TU NEGOCIO

Estoy convencido de que todo negocio, debería estar pensado y enfocado en llegar a brindarle libertad financiera a su dueño, en el menor tiempo posible. Hay muchas cosas a considerar si quieres que esto suceda, pero la clave principal es la sistematización de tu negocio.

La sistematización se da cuando tienes varios procesos operando, incluso los más básicos. Por ejemplo: programar tu agenda del día o contestar un correo con información de tus productos y servicios, ya cuenta cómo sistematización. Incluso los procedimientos originarios que vas creando sobre la marcha y que obviamente presentan deficiencias, también cuentan como sistematización, ya que son el primer eslabón en la cadena y a partir de ellos, podrás empezar a construir todo un sistema de negocio, modificando, eliminando o agregando pasos poco a poco, donde haga falta y de manera constante.

Si aun no tienes claro el concepto de sistematización, piensa en Amazon, la empresa más grande del mundo al momento de escribir estas líneas. Amazon es un excelente ejemplo de sistematización. Ha implementado procesos logísticos eficientes e innovadores que le permiten vender millones de productos en todo el mundo, con un alto nivel de satisfacción en sus entregas. Al mismo tiempo, se han convertido en los líderes indiscutibles en el comercio electrónico, gracias a una sistematización tecnológica, que les permite obtener información de sus usuarios y definir estrategias de mercadotecnia para aumentar sus ventas anuales.

Una empresa que no está bien sistematizada es un barco a la deriva. Si basas tus operaciones en la experiencia y el "saber-hacer" de algunos empleados, los resultados siempre serán inconsistentes. La ejecución se vuelve errática, porque lo que funciona hoy será olvidado y dejará de hacerse mañana. Entonces, te ves en la necesidad de reclutar y capacitar personal, sin ningún procedimiento estandarizado.

¿Cómo puedes tener un equipo competente que dé resultados, si no hay consistencia en la manera de hacer las cosas? Es como contratar a un grupo de novatos todos los días y cruzar los dedos para que todo salga bien.

Sistematizar tu negocio elimina el problema de la ausencia de los mejores empleados. En muchos negocios, ocurren problemas cuando los colaboradores con más experiencia se van.

Puedes ser el mejor en lo que haces, pero eso no tiene nada que ver con poder duplicar tus labores mediante procesos claros. Si no sistematizas tu negocio, dependes de gente que se vuelve indispensable y el problema real viene cuando estas personas están ausentes. ¿Qué pasa si se van de vacaciones, se enferman o renuncian?

La sistematización consiste en escribir todos los procesos de tu negocio y entretejerlos de una manera clara, para que en todo momento sepas qué tarea se debe hacer y quién es responsable de llevarla a cabo.

Lo importante es comenzar con la información y herramientas que tienes a la mano. Incluso cuando tus procesos no sean los mejores, debes tener un sistema que sea la base de tus operaciones y empezar a mejorar a partir de ahí.

Haz de tu negocio un modelo "llave en mano", para que opere de manera consistente, independientemente de quién lo gestione.

Mi empresa de eventos creció como nunca cuando logré sistematizarla. Esto hizo que todos los procesos pudieran replicarse, independientemente de quién los llevara a cabo. Y aunque mi mayor error fue no delegar mi posición de director general en ese momento (cosa que más tarde pagaría muy caro), el hecho de operar con base en sistemas y procesos bien definidos, fue la clave para lograr más con menos, en todas las áreas del negocio.

Tener procedimientos bien definidos es el mecanismo ideal para reducir costos, estandarizar tus operaciones y mantener tu negocio funcionando como una máquina de hacer dinero, sin que tengas que estar allí para manejarlo.

La mayoría de las pequeñas empresas que conozco no están sistematizadas o no tienen procedimientos claros para sus tareas, incluso las más básicas. Una de estas tareas es la facturación, que se supone que es un proceso típico y altamente repetitivo.

Aquí está un ejemplo de un sistema de facturación y cobro a clientes, que consta de 10 sencillos pasos y que desarrollamos específicamente para mi empresa:

MANUAL DE PROCEDIMIENTOS

PROCEDIMIENTO PARA LA PREPARACIÓN DE FACTURAS Y COBRO A CLIENTES.

AREA O POSICIÓN	ACTIVIDADES	POLITICAS Y FORMATOS
	COMIENZA EL PROCEDIMIENTO	
GERENCIA COMERCIAL	1. SOLICITA LA FACTURA AL ÁREA DE ADMINISTRACIÓN Y FINANZAS, PRESENTANDO EL CONTRATO DE VENTA CORRESPONDIENTE.	FORMATO DE CONTRATO DE VENTA (UTILIZAR EL CONTRATO DE LA COMPAÑÍA)
GERENCIA DE ADMINISTRACIÓN Y CONTABILIDAD	2. RECIBE DE LA GERENCIA COMERCIAL EL CONTRATO ORIGINAL FIRMADO POR EL CLIENTE	
	3. ELABORA LA FACTURA CORRESPONDIENTE A LA VENTA, DE ACUERDO A LAS POLÍTICAS DE COBRO A CLIENTES	REVISAR POLITICAS DE COBRO A CLIENTES
	4. ENTREGA LA FACTURA CORRESPONDIENTE A LA GERENCIA COMERCIAL	
GERENCIA COMERCIAL	5. RECIBE LA FACTURA Y LA REMITE AL CLIENTE	
	6. SEGUIMIENTO DEL COBRO DIRECTAMENTE CON EL CLIENTE	
GERENCIA DE ADMINISTRACIÓN Y CONTABILIDAD	7. RECIBE DE PARTE DEL CLIENTE EL PAGO CORRESPONDIENTE A LA FACTURA ENVIADA	
	8. INFORMAR A LA GERENCIA COMERCIAL QUE EL PAGO HA SIDO RECIBIDO, DE ACUERDO CON LAS POLÍTICAS DE COBRO A CLIENTES	

GERENCIA COMERCIAL	9. INFORMA A LA GERENCIA OPERATIVA QUE EL PAGO SE HA REALIZADO EN TIEMPO Y FORMA, PARA QUE PROCEDA CON LA ENTREGA DEL PRODUCTO O SERVICIO.	
A OTRO PROCEDIMIENTO	PROCEDIMIENTO CLAVE E3: ENTREGA DE PRODUCTOS O SERVICIOS A CARGO DE LA GERENCIA OPERATIVA	REVISAR PROCEDIMIENTO QUE DETALLA LA FORMA EN QUE SE ENTREGA EL PRODUCTO O SERVICIO VENDIDO
	10. FIN DEL PROCEDIMIENTO	

Arriba está un procedimiento de tan sólo 10 pasos, en los que no hay opciones alternativas. Para este ejemplo, no especifiqué una opción para qué hacer si el cliente no paga a tiempo, pero en el paso 6 podría seguir otro inciso antes del 7, que podría decir algo así:

"6.1 Si el cliente no paga a tiempo o de acuerdo con los términos del contrato y las políticas de cobro a clientes, vuelva al paso 6.

6.2 Si el cliente no paga por segunda vez, envíarle un correo electrónico para informarle que no procede llevar a cabo la entrega del producto o servicio y finalizar el procedimiento".

Sin soluciones documentadas, instrucciones y directrices claras, no habrá consistencia en los resultados de tu negocio.

A continuación, te muestro la "Política General de Cobro a Clientes" que desarrollamos para ese mismo procedimiento, por lo que no tendrás ninguna duda sobre lo fácil que es crear tus propios procedimientos y manuales de políticas, para sistematizar tu negocio.

MANUAL DE POLÍTICAS

POLÍTICA GENERAL DE COBRO A CLIENTES

DIRECTRICES

1. **Se solicita la información de facturación del cliente (nombre de la empresa, identificación fiscal y dirección fiscal).**
2. **Los pagos del cliente deben hacerse por medio de cheque, depósito, transferencia bancaria, efectivo y tarjeta de crédito, pero no en criptomoneda.**
3. **La factura se emitirá a más tardar un día después de su solicitud y será una factura por cada pago registrado en las cuentas de la empresa.**
4. **El área comercial le pedirá al cliente que envíe su recibo o comprobante de depósito, por correo electrónico.**
5. **Todos los productos o servicios vendidos deben ser pagados al menos 7 días antes de la entrega de los mismos.**

FIN DE LA POLÍTICA

Lo mismo sucede con el contrato especificado en el procedimiento, es necesario desarrollar un formato estándar que se puede editar según sea necesario, que funcione para todos los contratos con clientes. También puedes desarrollar las políticas que deben cumplirse al suscribir y firmar un contrato y el proceso será consistente cada vez que se formalice una venta.

Lo bueno de la sistematización es que sólo se hace una vez y a partir de ese momento, te sirve para siempre.

¿QUÉ ES UN SISTEMA DE NEGOCIO?

Para poder sistematizar, tienes que saber qué es un sistema de negocio. En primer lugar, un sistema es un conjunto de partes organizadas que interactúan para lograr un objetivo. Por otro lado, nos referimos a negocio como aquella actividad que consiste en ofrecer productos y servicios a cambio de dinero, generando una ganancia.

Con esos conceptos, nos queda claro que un sistema de negocio, es un proceso que permite a una empresa funcionar de forma repetitiva, organizada y metódica para la generación de ganancias, y yo añadiría "sin necesidad de que el dueño esté presente".

Tomemos como ejemplo el caso de McDonald's, el imperio de restaurantes más grande del mundo. A pesar de no tener las mejores hamburguesas del mercado, ¿cómo es que esta empresa sigue creciendo año tras año?

El éxito de McDonald's se basa en una estrategia fundamental: la implementación de sistemas. Sus restaurantes son pequeñas líneas de ensamble de hamburguesas que funcionan con una eficiencia tan alta, que es muy difícil de replicar para sus competidores. Después de sistematizar el negocio, patentaron sus sistemas de cocina para clonar el éxito de su primer restaurante. A partir de ahí, comenzaron su expansión y dominio en todo el mundo.

La clave de su éxito, es que todo se basa en una serie de sistemas que se pueden replicar en cualquier lugar del planeta para producir los mismos resultados. Desde Times Square hasta la Plaza Roja, desde Sao Paulo hasta Hong Kong, el sistema de McDonald's es exactamente el mismo, con sólo ligeros cambios. Es la adaptabilidad y eficiencia de sus sistemas lo que les permite superar a la competencia y tener éxito de manera consistente. En resumen: ¡los sistemas funcionan!

No olvides que para ganar el juego del dinero, es necesario generar ingresos pasivos que te permitan cubrir tus gastos de vida sin tu intervención directa y la manera más sencilla de lograrlo es a través de un negocio propio. Sin embargo, no quiero decir que cualquier negocio lo hará, tiene que ser un negocio sistematizado.

No hay sistematización si los procesos no están por escrito.

No creas que los procesos en tu mente harán que tu empresa se sistematice. Ya sea una pequeña (incluso una microempresa), mediana o grande empresa, la manera de garantizar los resultados deseados de forma permanente, es teniendo tus procesos por escrito.

EL PODER DE LA SISTEMATIZACIÓN

Mientras cursaba la universidad, suspendí mis estudios durante un año y trabajé como representante cultural de mi país en el Pabellón de México, en Epcot Center, el famoso parque de diversiones de Walt Disney, en Orlando Florida. Lo que más me impresionó fue la forma en que Disney opera sus parques. Todo funciona literalmente a la perfección. Para toda labor o escenario posible, ellos tienen definido un proceso, una metodología, una política corporativa. Fue en Disney donde conocí por primera vez el verdadero poder de la sistematización.

Los sistemas son la base de un negocio. La sistematización le da a cada miembro del equipo una imagen clara de cuáles son los pasos a seguir, durante cada operación que se deba realizar, sin dejar nada a la imaginación.

La implementación de sistemas hace posible duplicar tareas, independientemente de quién las realiza; además permite tener mecanismos de autocorrección en caso de surgir inconvenientes.

Un buen sistema puede recrearse y duplicarse en cualquier momento y lugar. Es el camino más fácil para convertir cualquier negocio que requiere de mucha dinámica de su dueño, en un negocio pasivo, que le produzca dinero sin estar presente. ***Sin la sistematización, la mejor alternativa es esperar que todo salga bien, sin poder garantizar nada.***

Una vez que cuentas con las personas adecuadas y tus sistemas son fluidos, tu negocio es consistente y predecible y ya no tienes que estar ahí para que siga produciendo. Has estructurado el mejor tipo de apalancamiento que existe: la automatización, con lo que gozas de tiempo libre, sin preocupaciones de dinero para crear, estudiar, escribir, enseñar, viajar, ¡Lo que quieras hacer! Y al mismo tiempo, seguir construyendo tu negocio si así lo deseas. Puedes incluso hacer de la tecnología tu mejor aliado y trabajar de forma remota mientras viajas o vives en el extranjero.

Como te decía, en mi negocio de eventos logramos generar manuales de operación con una descripción detallada de todos los procesos del negocio. Esa fue la clave que nos permitió realizar hasta 90 eventos al mes en la temporada más alta del año, todos ellos con resultados satisfactorios.

Si algo aprendí durante mis años de universitario, fue a distinguir los buenos sistemas de los malos. Como pasante de abogado, pude conocer sistemas judiciales muy intrincados, y a pesar de ser lentos y con errores, muchos de ellos funcionaban. Otros, sin embargo, son sistemas malos de origen y sus resultados siempre son deficientes. Cuando no comprendes esto, tiendes a culpar a la gente y no al sistema, cosa que –no lo niego– a mí me pasó, hasta que tuve un entendimiento más completo del tema de la sistematización de negocios.

No te demores en sistematizar tu negocio. Si acabas de empezar, arranca con los procedimientos que puedas definir sobre la marcha, solo tienes que empezar desde el paso 1. Mejorarlos poco a poco para hacerlos más eficientes. Tenlos por escrito y describe claramente lo que cada miembro del equipo tiene que hacer, en cada proceso. Después de que hagas esto, tu negocio funcionará de una manera organizada y metódica, generando ganancias sin la necesidad de que estés presente.

Conseguir la sistematización de procesos en tu empresa no es una tarea fácil y requiere de un esfuerzo considerable. Sin embargo, una vez que lo logras, los resultados son siempre favorables.

Cuando tengas tus procesos documentados, haz todo lo posible para evitar cuellos de botella. Recuerda: no debes culpar a las personas que llevan a cabo el proceso. Si todo se está siguiendo al pie de la letra y todavía no funciona, entonces la falla está en el sistema. Encuéntrala y corrígela tan pronto como puedas.

MECANISMOS DE CONTROL Y MEDICIÓN DE RESULTADOS

Además de sistematizar todos los procesos de tu negocio para duplicar con éxito cualquier tarea, es muy importante contar con mecanismos de control y medición. Ellos te permiten sacar una fotografía de tu compañía en un momento determinado, para saber si estás haciendo las cosas bien o mal, y a qué costo.

Estos mecanismos de control y medición son equivalentes a tener visión de rayos X, para revisar todas las áreas de tu negocio, de un solo vistazo y detectar inmediatamente dónde están sucediendo los problemas y dónde las cosas están funcionando bien. Esto se logra mediante la definición de indicadores clave de rendimiento, tanto financieros como no financieros, que dan un número o calificación, al cumplimiento de cada objetivo perseguido por un negocio.

Un buen ejemplo es lo que hizo British Airways en los años 80. El entonces CEO, John Leonard King, propuso renovar totalmente la compañía y lo logró concentrándose en un solo indicador clave: la puntualidad en la salida y llegada de los vuelos. Por supuesto, hay otros factores importantes a considerar, pero decidieron concentrarse en un aspecto fundamental dentro de la industria del transporte aéreo. A partir de entonces, King era notificado dondequiera que estuviera en el mundo, si un vuelo de BA se retrasaba más allá de una cierta tolerancia. Pronto los operadores de vuelo y los gerentes de BA sabían que, en el momento en que un vuelo se retrasara, recibirían una llamada de King. El resultado: BA no tardó en convertirse en una de las aerolíneas más puntuales del mundo.

Basándote en tu visión de negocio y estrategias adoptadas, puedes definir objetivos e indicadores de éxito para cada área, por ejemplo: satisfacción del cliente, ventas, puntualidad, etc. Nunca olvides que cuando se trata de indicadores clave de rendimiento, la simplicidad es tu mejor aliado.

En general, es mejor tener pocos indicadores que se pueden medir, a diferencia de muchos a los que no puedes dar seguimiento. Lo único que hay que tener en cuenta es que cada indicador tendrá un resultado, mismo que se debe comparar con el objetivo deseado y a partir de ahí, elaborar un simple análisis de cómo se produjo cada uno de ellos. Haz correcciones si los resultados son negativos, mantente en el mismo camino si los resultados son positivos.

La principal lección que aprendí en mi negocio de eventos, fue que al no utilizar más estos mecanismos, contaba con un margen de decisión y acción limitado para solucionar los problemas que tenía. Si hubiera utilizado mejores mecanismos de control y medición, habría detectado más claramente en qué y en dónde invertía mis recursos humanos, financieros, materiales y de tiempo, y quizás no hubiera optado por cerrar mi primera empresa de eventos de la manera en que lo hice.

No dejes esto a la suerte. Cualquier negocio debe ser lanzado y operado con la visión de que su propietario tenga una vida mejor y llegado el día, pueda ser traspasado a sus hijos para que sigan disfrutando de sus beneficios o dejarlo en manos de alguien de confianza que pueda seguir manejándolo. Otra opción es venderlo mientras sigue siendo productivo.

Tomamos las decisiones importantes en la vida, convencidos de que son las mejores para nosotros y nuestros seres queridos, por lo que nunca debes arrepentirte de ninguna elección hecha en el pasado. Es mejor tomar experiencia de ello y prepararse para las siguientes decisiones. No tengo la menor duda de que cerrar mi primer negocio de eventos para lograr salir de la Ciudad de México y darle un giro a mi vida, ha sido el paso más importante y trascendente que he dado hasta hoy.

NEGOCIOS LLAVE EN MANO

La sistematización es el factor decisivo no sólo para estandarizar tus servicios y reducir los costos operativos, sino también para avanzar hacia tu libertad financiera. Con ella puedes convertir tu negocio en una máquina de hacer dinero, transferir tu "saber hacer" (o *know how)* bajo el modelo de franquicia, y vender tu fórmula comercial en formato digital, por mencionar sólo algunos ejemplos.

Al momento de escribir este libro, el modelo de franquicia parece haber sido superado por las múltiples oportunidades de negocio que la tecnología digital ha hecho posibles.

Tal vez las franquicias siguen siendo una gran opción para muchos, pero actualmente los nuevos modelos de negocio, especialmente aquellos que se pueden abrir por cuenta propia, a través de plataformas en línea, info-productos, herramientas tecnológicas y asesoramiento personalizado, las hacen parecer obsoletas, debido al alto costo de inversión y sus complicaciones para adquirirlas.

A continuación te presento un cuadro comparativo entre las franquicias y los negocios de la nueva economía.

	FRANQUICIA	NEGOCIO DE LA NUEVA ECONOMÍA
INVERSIÓN INICIAL	$$$$$	$
TRANSFERENCIA DEL SABER HACER (O *KNOW HOW*)	✔	✔
SOPORTE	✔	✔
CONTRATO	RIGUROSO	FLEXIBLE O SIN CONTRATO ALGUNO
LOCACIÓN	ESPECÍFICA	BASADO EN WEB O DE LIBRE ELECCIÓN
TÉRMINO	1 - 5 AÑOS FORZOSOS	SIN CONDICIONES
NOMBRE COMERCIAL	USO DE MARCA DE LA FRANQUICIA	USAS TU PROPIA MARCA
REGALÍAS	5 AL 10% MENSUAL	SIN REGALÍAS

Debo mencionar que en su momento, tener todo sistematizado hizo que convertir mi negocio en franquicia fuera una buena opción. Así que contraté a un despacho de asesores y lancé mi franquicia, ofreciendo un modelo de negocio de organización de eventos que cualquier franquiciatario podía manejar con éxito. Finalmente, llevé este modelo más allá y lancé mis productos digitales en

Internet, con una metodología paso a paso, para también lanzar un negocio de eventos en cualquier parte del mundo, pero sin la necesidad de invertir en una franquicia.

La clave para lograr ese gran objetivo de alcanzar tu libertad financiera, es generar tantas fuentes de ingresos pasivos como te sea posible.

Recuerda, si eres capaz de construir un negocio con todos los elementos necesarios para replicarlo y hacer que trabaje sin ti, un día tendrás un negocio "llave en mano", que podrás convertir en una fuente de ingresos pasivos o bien, vender por una importante suma de dinero.

NEGOCIO LIGERO

Una empresa puede generar excelentes ganancias, pero si la carga de trabajo es demasiada para todos, incluido el propietario, es necesario aminorar la presión. De lo contrario, la combinación de un negocio sobredimensionado y la falta de tiempo para descansar y relajarse, puede ser muy perjudicial.

Esta es la razón por la que cada vez más propietarios de negocios, optan por convertir su negocio tradicional en uno ligero, o bien, emprenden ligero desde el principio.

Un negocio de este tipo no sólo es más fácil de operar, sino que tiene el potencial de generar mejores ganancias que muchas empresas tradicionales. Bajo este modelo, no es necesario pagar alquiler cada mes, ni incurrir en otros costos fijos exorbitantes. Además, no necesitas cubrir una pesada nómina, independientemente de si produces o no ingresos. Un buen ejemplo de un negocio ligero son los negocios en línea: venta de todo tipo de artículos a través de Amazon, Ebay y Shopify, renta y venta de algún software (SaaS), desarrollo de aplicaciones, sitios de membresía, etc. También puede darse el caso de tener un negocio tradicional, pero con muchas de las características de uno ligero.

Si optas por un negocio ligero, hay dos cosas que conviene recordar:

La primera es tener una idea de negocio viable, lo que significa contar con la posibilidad de que tu proyecto progrese en el largo plazo y sea rentable. Internet ha hecho más fácil para más personas abrir todo tipo de negocios, por lo que puedes esperar que la competencia se vuelva cada vez más voraz, y que algunas barreras tradicionales como el tiempo y la distancia, desaparezcan gradualmente.

La segunda es asegurarte de que tienes un emprendimiento que cualquier persona con conocimientos generales en gestión de negocios, puede operar. Esto hará que sea más fácil convertirlo en un ingreso pasivo. Tener un negocio ligero significa evitar cualquier cosa que te haga incurrir en grandes gastos, especialmente al principio. Por ejemplo, no alquilar una oficina si no es estrictamente necesario y hacerlo sólo hasta que tu carga de trabajo, tu operación y tus ingresos lo justifiquen, no comprar equipo y mobiliario nuevos hasta que sea imprescindible, no contratar personal a menos que sea esencial para seguir avanzando y no alquilar almacenes, si no es absolutamente indispensable.

Si tienes un negocio sobredimensionado y está empezando a causarte problemas, tendrás que hacerlo "perder peso". Puedes reducir todos los gastos a través de un sistema extremadamente simple. Hazte la pregunta: ¿"Si mañana no tuviera este equipo, estas líneas telefónicas, este espacio o este servicio, el negocio seguiría funcionando de la misma manera?"

Repite el ejercicio con todo aquello que te hace incurrir en costos en tu negocio; muy probablemente te sorprenderá darte cuenta que estás gastando en cosas innecesarias y no esenciales.

A continuación te presento una tabla que enumera las diferencias entre un negocio tradicional y un negocio ligero:

NEGOCIO TRADICIONAL	NEGOCIO LIGERO
Paga renta por el espacio de trabajo.	Trabaja desde cualquier lugar conectado a Internet. No paga renta o no en su totalidad, cuando se opta por ocupar espacios de trabajo compartidos.

Paga nómina a sus empleados que trabajan en oficinas del negocio.	Paga comisiones atractivas a colaboradores que trabajan desde casa, con base en resultados, en lugar de engrosar su nómina pagando sueldos altos.
Invierte en unidades de transporte para hacer sus entregas.	Depende de sus proveedores para hacer las entregas directamente al cliente, o utiliza subcontratistas de transporte, sólo cuando es necesario.
Invierte en publicidad en medios de comunicación tradicional y digital, a un costo elevado.	Publicita en medios digitales y de posicionamiento orgánico, a un precio más bajo.
Utiliza papel impreso para sus formatos operativos.	Casi no utiliza papel, la información operativa circula en formato digital.
Tiene personal fijo para la mensajería.	Utiliza servicios de entrega por encargo.
Mantiene un inventario para vender productos y paga por espacio de almacenamiento.	No mantiene inventario, solo muestras y no paga por almacenamiento. El inventario se basa en lo que va vendiendo.
Contrata proveedores locales que cobran precios altos	Utiliza freelancers que trabajan en cualquier parte del mundo y ofrecen tarifas competitivas.
ETC	**ETC**

La clave para lograr tu libertad financiera a través de tu negocio, es convertir ese negocio en un ingreso pasivo. Y la mejor manera de hacerlo, además de sistematizarlo, es tener el menor número de rubros de gastos fijos posible, lo que a su vez aumenta tus ingresos. La tecnología de hoy hace que mi recomendación no sólo sea una opción realista, sino la más viable para que tu operación sea rentable. Cuando tienes un negocio ligero, puedes centrarte en las oportunidades que producen ingresos y administrarlas mejor, extrayendo así el máximo valor en el proceso.

CÓMO SOBREVIVIR EN LA ERA DIGITAL

En el mundo de hoy, una conexión a Internet y las últimas innovaciones que la red de redes tiene para ofrecer, son indispensables para que tu negocio prospere.

Cuando me mudé a San José del Cabo, experimenté de primera mano el cambio de paradigma que impuso la llegada de Internet al mundo de los negocios. Después de mi salida de Ciudad de México y hasta hoy, todos mis negocios se han mantenido ligeros, gracias a las herramientas tecnológicas que tenemos a nuestro alcance. Ni bien me había establecido con mi familia, ya estaba produciendo eventos. Lo increíble es que éramos sólo 3 personas en mi nuevo equipo, en vez de 152 de mi anterior.

Para compensar el resto de la mano de obra y el equipamento para eventos, contratamos proveedores especializados. No sólo tratamos con empresas locales, también aprendí a contratar todo tipo de proveedores en cualquier parte del mundo, a través de

Internet, recibiendo de ellos –puntualmente y con calidad– cualquier trabajo que pudiera mandarse por vía digital: ilustraciones 3D para presentaciones de ventas, diseño de logotipos y catálogos, edición de videos, programación de sitios web, publicidad en redes sociales, posicionamiento orgánico, entre muchas otras tareas.

Tuve una asistente virtual para concertar citas, capturar datos, envío de correos, llamadas telefónicas, manejar redes sociales y dar seguimiento a cotizaciones. Ella vive en El Salvador y atendió mis asuntos en México, durante los seis años que trabajamos en conjunto. En todo ese tiempo, sólo la vi una vez en persona (la ocasión que me invitaron a impartir una conferencia en su país). Toda nuestra comunicación fue siempre vía digital y jamás tuvimos la necesidad de estar en el mismo lugar, para sacar adelante cualquier proyecto del negocio.

Por supuesto, hacer esto me ahorró dinero, porque ya no tenía que pagar salarios fijos a empleados que no necesitaba de tiempo completo. Internet también me permitió un gran número de opciones, con relación a las de los proveedores locales, quienes a veces cobran tarifas muy altas por sus servicios.

Uno de los sitios web que uso con frecuencia para contratar tareas de todo tipo es Fiverr.com. En este portal de proveedores en línea, encuentras desarrolladores web, diseñadores gráficos, *copywriters* y asistentes virtuales, por nombrar sólo algunos. En resumen, en este sitio encontrarás personas de todo el mundo, ofertando diferentes servicios, que te pueden ayudar a mejorar los resultados de tu negocio.

Como el nombre del sitio sugiere, las tarifas para diferentes tipos de trabajos comienzan en USD $5.00. Buscar en la página es muy sencillo. Supongamos que necesitas un diseñador gráfico especializado en logotipos, sólo tienes que escribir en la barra de búsqueda "diseñador de logotipos" o cualquier criterio de búsqueda relevante. La página inmediatamente te da una enorme lista de proveedores para que puedas elegir.

A esto me refiero con tener un negocio ligero. Sólo puedes tener este tipo de negocio si entiendes y aplicas los aspectos del apalancamiento, capitalizas el poder de la sistematización y aprovechas al máximo la tecnología a tu alcance.

SIGUE AL EXPERTO

Hay dos maneras de hacer las cosas: la complicada y la más simple.

Podrás notar que no escribí "la manera fácil" porque quizás no se trate de algo fácil de lograr, por eso "la más simple" sería el mejor término.

La manera complicada es mediante el ensayo y error. A pesar de su dificultad, muchas personas confían en este método. Arrancan un proyecto sin experiencia y confían en su suerte para que las cosas tengan éxito. Esta fórmula viene con muy altas posibilidades de fracaso.

La manera "más simple" por el contrario, implica encontrar a alguien dispuesto a enseñarte cómo lograr tu objetivo en menos tiempo e invirtiendo menos recursos.

Es mejor que aprendas de alguien que ha estado ahí dónde tú te encuentras y ha logrado con éxito eso mismo que tú quieres lograr.

Esto también es una forma de apalancamiento: aprender de un experto, en lugar de transitar por la curva de aprendizaje por tu cuenta.

Sin embargo, trae consigo una advertencia: Es posible que te encuentres con muchos "entrenadores" que se especializan en asuntos de negocios y de vida, que parecen conocer mucho en teoría, que enseñan de memoria lo que han leído en algún libro o que han aprendido por ahí, pero que nunca lo han aplicado en su propia vida.

Confiar el éxito de tu negocio a alguien que nunca ha hecho lo que predica, es como confiar tu suerte a una pata de un conejo. Sólo recuerda, esa pata no funcionó ni siquiera para su dueño.

CLAVES ESENCIALES DE ESTE CAPÍTULO

1. **Un negocio debe estar enfocado en llegar a brindarle libertad financiera a su propietario.**
2. **Sistematizar es la clave para tener un negocio rentable que funcione sin ti.**
3. **Tener tus procesos por escrito, también te permitirá replicar tu negocio en cualquier parte.**
4. **Utiliza mecanismos de control e indicadores clave, para saber cómo está tu negocio en un momento determinado.**
5. **Tener menos indicadores que se puedan revisar y atender, es mejor que muchos que no se puedan ni rastrear ni entender.**
6. **Contar con mecanismos de contro te ayuda a evitar errores.**
7. **Un negocio llave en mano se puede convertir en ingreso pasivo.**
8. **Un negocio ligero no requiere tanto personal y gastos, al contrario de un negocio tradicional.**
9. **Un negocio ligero es más fácil de operar y tiene el potencial de generar mejores ganancias, con menos esfuerzo.**

10. Puedes convertir un negocio tradicional en uno ligero, al encontrar y deshacerte de las cosas que no son esenciales.
11. Debes estar al día con la tecnología si deseas que tu negocio tenga éxito en la nueva economía.
12. Internet es una buena fuente para asignar muchas tareas, a través de proveedores a distancia.
13. Tratar de aprender un negocio por tu cuenta puede ser frustrante y costoso.
14. Tu mejor opción es conseguir un experto que conozca tu negocio, dispuesto a mostrarte el camino más corto para lograr lo que quieres.

DINERO Y ADOLESCENTES

CAPÍTULO 9

EDUCACIÓN FINANCIERA PARA TUS HIJOS

Para quienes tenemos hijos, nuestro deber como padres es enseñarles desde temprana edad cómo formar hábitos que los empoderen en su relación con el dinero. Si no lo hacemos nosotros, es claro que nadie más lo hará y ellos aprenderán afuera, en la calle, influidos por la mercadotecnia y tomando consejos de personas que muchas veces no saben de lo que hablan.

Los buenos hábitos en el manejo del dinero, les permitirán a tus hijos vivir una vida próspera con estabilidad y paz financiera. Asimismo, es igualmente importante procurar hablar con ellos de estos temas, en términos positivos y optimistas, en lugar de con pesimismo e inyectando una sensación de preocupación e inseguridad. Al mismo tiempo, es recomendable que te vean practicando lo que predicas y dando el ejemplo con hechos palpables.

LAS PALABRAS PUEDEN CREAR TU REALIDAD

Enseñar a tus hijos acerca de cómo manejar sus finanzas personales, es una manera muy efectiva de prepararlos para la vida.

Si estás pasando por una mal momento económico, no te refieras a éste como si fuese una situación desesperada (aunque lo sea), mejor diles que es una circunstancia difícil, temporal y que pronto pasará. Háblales con la verdad desde un punto de vista optimista, de lo contrario, se pueden estresar y vivir con ansiedad por algo que no pueden ni saben solucionar, pero lo más grave es que quedará grabada en su mente la idea de que el dinero es escaso y causa estrés.

Recuerdo cómo mi padre nos convocaba a reuniones familiares a las que llamaba de manera simpática el "Foro de Consulta Popular". Nos sentábamos en torno a la mesa para tratar diversos temas de interés familiar y nos informaba de la situación económica de la casa.

Cuando atravesó problemas financieros serios, nos los presentó como "situaciones económicamente adversas", pero siempre aclarando que eran temporales y que pronto pasarían. Esta manera de enfrentar la dificultad, no sólo le ayudaba a él y a mi madre a salir adelante con el apoyo de toda la familia, sino que nos hacía conscientes de que debíamos cuidar muy bien nuestros recursos, para enfrentar mejor la crisis. También nos sirvió para darnos fuerzas a todos y no temer a las épocas de *vacas flacas*, sabiendo que pronto todo mejoraría.

A veces puedes explotar una crisis económica. En ellas florece la creatividad y nace la inventiva. Utilízala para mostrarles a tus hijos la manera en que la familia está enfrentando el desafío.

Sin embargo, esto solo se logra si se encara con optimismo y no con miedo. Así que toda experiencia de adversidad, debes aprovecharla para que tus hijos se hagan más fuertes, no más inseguros.

Háblales de cuánto cuesta mantener su estilo de vida y de dónde proviene el dinero que lo sostiene. Muéstrales tu presupuesto mensual y anual, de tal manera que sepan en qué se gasta el dinero que ingresa a la casa y comprendan que hay cosas por las que se debe pagar. Si les explicas desde una edad temprana, que la electricidad y el agua son servicios por los que debe pagarse regularmente, les ayudarás a entender que tienen que utilizar esos recursos con responsabilidad.

Por último, déjales saber con el mayor detalle posible de donde provienen tus ingresos, cómo cobras por tus servicios o cuál es tu salario, explícales en qué consiste tu negocio o tu trabajo, qué vendes y a quién; si lo haces, tendrán una visión y una comprensión muy clara de cómo se mantiene su hogar y cuánto cuesta hacerlo en cantidad de trabajo y dinero. Muchos empresarios que asisten a mis seminarios se quejan de no tener tiempo para estar con sus hijos, a lo que yo les pregunto ¿y por qué tus hijos no están aquí contigo? ¿Por qué no invitarlos a pasar un día juntos, conociendo – ¡y aprendiendo! – acerca de cómo manejar sus finanzas personales?

NEGOCIOS EN LA ADOLESCENCIA

Mi hija empezó a pasear perros en el vecindario durante las vacaciones de verano cuando tenía 12 años. Un buen día se decidió y habló con los vecinos: "Puedo pasear a tu perro todos los días, de lunes a viernes, por 15 dólares a la semana, pero si me contratas 4 semanas, te cobraré sólo 50 dólares".

Después de dos años trabajando durante el verano, conformó una base de clientes recurrentes que le permitió ganar más dinero del que ella originalmente pensó y con el que pudo comprarse lo que quiso.

El tercer año estuvo tan ocupada, que contrató a dos de sus amigas para los paseos, mientras ella salía a buscar más clientes. Esta experiencia la hizo entender la dinámica de los negocios desde muy joven y ahora está planeando lanzar una tienda virtual para vender camisetas.

Formar a tus hijos con una mentalidad empresarial, es uno de los mayores legados que les puedes dejar. No importa que sus primeras actividades comerciales no les dejen mucho dinero, lo importante es empezar a ensayar con pequeños negocios desde la adolescencia, para que más adelante, ya entrados en la edad adulta, puedan manejar un negocio formal de manera natural.

LOS JÓVENES Y LAS TARJETAS DE CRÉDITO

Al ver crecer a mis hijos, he notado que muchos de sus amigos y compañeros de escuela ya empiezan a manejar tarjetas de crédito, la mayoría sin ningún límite claro o preestablecido, y sin que deban realizar ningún tipo de contraprestación en casa por utilizarla en su provecho. En mi opinión, ningún joven debe tener una tarjeta de crédito mientras no produzca ingresos por cuenta propia y pueda entonces responder por sus gastos. La cultura consumista en la que se mueve el mundo, nos ha hecho creer que mientras más joven se empieza a usar una tarjeta de crédito, más responsable se hace el chico o la chica, pero la realidad es todo lo contrario.

Los adolescentes que empiezan a usar tarjetas de crédito sin una supervisión estricta, es muy probable que se vuelvan irresponsables en su uso y en la vida adulta terminen endeudados hasta el cuello.

Déjame recomendarte algo: comienza a educar a tus hijos sobre cómo administrar su dinero, de una manera en que se acostumbren a pagar en efectivo hasta que cumplan 16 años. Después de cumplir 16 años, abre una cuenta bancaria para ellos, con la que pueden tener una tarjeta de débito (y aún no de crédito), y establece un límite semanal, quincenal o mensual, dependiendo de su edad.

Cuando tu hijo tenga la edad adecuada y la responsabilidad para obtener una tarjeta de crédito, te sugiero enseñarle a no excederse en sus gastos y lo más importante: a ahorrar una cantidad fija cada mes. Esto le ayudará a tener autocontrol y disciplina para usar su dinero dentro de sus posibilidades y adquirir o reforzar el hábito del ahorro. Más adelante en este capítulo, te mostraré una manera sencilla y muy efectiva, de cómo enseñar a los niños y adolescentes a administrar eficazmente su dinero.

Antes de que tu hijo solicite una tarjeta de crédito, es fundamental que comprenda que el saldo total de sus compras debe pagarse cada mes, para evitar el pago de intereses; y si acaso sabe de antemano que no podrá liquidar a fin de mes cualquiera de sus compras, debe aprender a diferir ese gasto para otro momento y evitar endeudarse.

Al final del día, lo que realmente importa es que tu hijo empiece a administrar su dinero y entienda las repercusiones negativas de estar endeudado y pagar intereses, para no padecer este problema más adelante.

EL DINERO SE PRODUCE TRABAJANDO

Se debe enseñar a los niños que el dinero no crece en los árboles, ni se genera con sólo estampar tu firma en un recibo. El dinero se produce trabajando inteligentemente y de manera prolongada. Mientras ellos no asimilen esta realidad, estarán en franca desventaja y cargarán con serios problemas financieros durante su vida adulta.

Tus hijos deben comprender que no hay atajos para obtener riqueza y que tratar de llegar a su objetivo recortando el camino, puede ser contraproducente.

Cuando digo "trabajar inteligentemente", me refiero a operar su negocio con eficiencia, aprendiendo de los errores y mejorando constantemente. Entre otras cosas, esto se logra, como vimos en una sección anterior del libro, mediante el uso de apalancamiento y la sistematización de su funcionamiento.

LA VENTA DE PASTELILLOS

Es importante enseñar a tus hijos sobre cómo funciona un negocio y explicarles que un empresario, debe proporcionar al público un producto o servicio atractivo, a un costo que le permita venderlo con una ganancia. Si no se cumplen estas condiciones, tienen que trabajar en mejorar su negocio o bien, explorar otras alternativas.

Hace algún tiempo, cuando mis hijos tenían 11 y 9 años, respectivamente, aprendieron a hacer pastelillos en casa. Mi esposa les compraba los ingredientes y ellos hacían los pastelillos, que luego vendían a los vecinos de nuestro conjunto residencial.

Siempre regresaban sin un sólo pastelillo y los bolsillos llenos de monedas. Ese fue el primer negocio que lanzaron y les iba muy bien: los pastelillos les quedaban muy ricos y al parecer los clientes los disfrutaban mucho.

El único problema era que mi esposa gastaba alrededor de $15 dólares en los ingredientes y ellos solo ingresaban, como máximo, $12 dólares.

En ese momento, no quisimos darles una lección de costos y precios, para no desmotivarlos y que pudieran seguir "haciendo dinero". Sin embargo, después de que el negocio "cerró sus puertas", les explicamos a detalle cómo funciona y que no todo en una actividad comercial es diversión, sino que hay que generar ganancias *sí o sí*.

No pierdas la oportunidad de que tus hijos se familiaricen desde pequeños con alguna actividad donde puedan sentir que son dueños de su negocio. El entrenamiento para ser emprendedor, se empieza moldeando la mentalidad del niño, para que no le parezca algo aterrador o imposible de lograr cuando sea grande.

TAREAS EN CASA

No hay mejor manera de echar a perder a los niños que dándoles lo que quieren en el momento en que lo piden. Hacer esto también los llevará a pensar que son personas privilegiadas que tienen todos los derechos y ninguna responsabilidad. El dinero no es algo por lo que tengan que trabajar, ya que todo lo que piden se puede tener con solo chasquear los dedos.

Entre más rápido le enseñes a tus hijos a ganar el dinero necesario para comprar sus cosas, más pronto entenderán su valor a través del esfuerzo que implica ganarlo.

Una forma en que algunos padres enseñan a sus hijos el valor del dinero, es pagándoles por hacer las labores caseras. De alguna manera esto funciona porque estás dándole a tus hijos dinero por hacer algo, en lugar de darles dinero por no hacer absolutamente nada.

Hay dos métodos que a mi me funcionaron para motivarlos a que hagan algo que preferirían no hacer: uno es bajo el sistema de sanción: "si no haces tu cama toda la semana, no tendrás (algo que les guste)"; y el otro es el de la retribución: "si haces tu cama durante toda la semana, ganarás (algo que les guste)".

A mi esposa y a mí nos nos resultaron convenientes ambos sistemas en diferentes momentos y me parece que el primer ejemplo, es mejor cuando tus hijos son menores de 12 años. El segundo se puede aplicar cuando han llegado a la adolescencia, puesto que puedes organizar con ellos todo un sistema de tareas y compensaciones, para las cuales ya pueden estar capacitados y hacerse responsables a cambio de un pago o retribución.

El sistema de sanciones es fácil de implementar, ya que no es tan difícil saber lo que quieren los niños menores de 12 años. Por otro lado, el sistema de retribuciones funciona mejor, cuando tienes una lista de tareas a realizar que ha sido acordada por toda la familia. Esta lista también detalla qué día deben realizarse las tareas (o la fecha límite de algunas de ellas) y los "estándares de calidad" esperados del trabajo, para que tus hijos sepan exactamente lo que deben hacer. Por último, no debe faltar la descripción de las recompensas prometidas.

Puedes asignar tareas como poner la mesa, lavar el coche, pasear al perro, introducir y retirar la ropa de la lavadora y secadora, etc. A largo plazo, tener un sistema como este, enseñará a tus hijos el valor del trabajo y del dinero ganado con esfuerzo y honestidad.

¿MESADA O RECOMPENSA?

En lugar de llamarle "domingo" o "mesada" al dinero que les das a tus hijos, refiérete a este como pago, bono, comisión, tarifa, compensación o recompensa, para que asimilen que el dinero que están recibiendo deriva del trabajo. Lo mismo haz con las labores, llamándolas "responsabilidades", "encargos" o algún otro término con una connotación positiva y formal.

Comienza dándoles dinero una vez a la semana, después de un tiempo haz esto cada dos semanas, luego una vez al mes, para que aprendan a manejarlo y evitar gastar impulsivamente. Sabrán que si lo hacen, no tendrán suficiente dinero para llegar a fin de mes, que es precisamente lo que puede llegar a sucederles durante la edad adulta, si no aprenden a controlar sus gastos durante su adolescencia.

También es importante referirse de manera distinta al dinero que reciben como regalo, o cuando se está de vacaciones: premio en dinero, regalo en efectivo, incentivo vacacional, etc.

Cualquiera que sea tu caso, sólo recuerda que acostumbrarlos a las diferentes "formas" que el dinero puede tomar, les dará una mejor comprensión de cómo el dinero entra y sale de su bolsa.

REGLAS DE DINERO

La mayoría de las personas tiene un criterio particular sobre cómo invertir su dinero (por ejemplo, si prefieren invertir en acciones o propiedades y hasta qué monto), pero muy pocos tienen reglas claras sobre cómo manejar su dinero en un esquema cotidiano.

Si quieres que tus hijos sean disciplinados cuándo se trata de administrar su dinero, debes establecer algunas reglas.

Siempre podrás desarrollar tus propias normas, pero aquí hay varios ejemplos, que rigen ciertas decisiones de compra en nuestra familia. En primer lugar, tenemos la regla de que si algo que necesitamos comprar cuesta más de $500 dólares, nos sentamos a evaluar los pros y los contras, para tomar una decisión entre todos.

Otra regla importante en nuestro hogar, es nunca prestar dinero. Mi esposa y yo le explicamos a nuestros hijos, que los préstamos tienden a dañar potencialmente la dinámica de las relaciones familiares y de amistad, especialmente cuando llega el momento de pagar, pero el deudor no puede hacerlo por una razón u otra.

El prestatario podría incluso llegar a utilizar excusas, aprovechando los lazos familiares o de amistad para evitar pagar.

Esto no quiere decir que no debamos ayudar a otros cuando lo necesitan, por lo que si acaso estamos en posición de apoyar a una causa urgente, mejor optamos por hacer una aportación desinteresada a manera de donativo.

Estos son otros ejemplos de reglas de dinero que puedes adoptar:

- **No invertir en negocios a los que te invitan, dale prioridad a tus propios proyectos.**
- **Conservar durante un tiempo los recibos de artículos comprados.**
- **Guardar todas las facturas importantes en un archivo bien organizado.**

- **Revisar las cuentas en los restaurantes.**
- **No comprar artículos que por su precio resulten estúpidamente caros, sino buscar algo de calidad similar, pero a mejor precio.**
- **Leer detenidamente los contratos de compra-venta, particularmente aquellos que superen ciertos montos.**

EL MEJOR SISTEMA DE MANEJO DE DINERO PARA NIÑOS Y ADOLESCENTES

La clave para ser financieramente libre, está en prestar atención a varias áreas del comportamiento de manera simultánea. Es por eso que los niños y adolescentes, deben comprender desde una edad temprana cómo manejar su dinero correctamente.

El método más sencillo que conozco es el llamado "Sistema de los Sobres" y funciona separando dinero, bajo el criterio de lograr propósitos diferentes.

Antes de explicar los detalles sobre este sencillo sistema de administración de dinero, empezaré citando un ejemplo de por qué es importante separar tus ingresos, para pagar diferentes obligaciones. Te recomiendo usar este mismo ejemplo para explicar a tus hijos la importancia de separar su dinero y destinarlo a diferentes funciones.

Si estuvieras manejando personas en una compañía ¿los tendrías a todos haciendo el mismo trabajo? Por supuesto que no, tendrías a cada persona realizando una labor diferente para perseguir un objetivo común.

Lo mismo sucede en los deportes por equipos: cada jugador desempeña un rol específico con el objetivo de ganar el juego. ¿Qué pasaría si un equipo de fútbol tuviera únicamente defensas? Eso sería un gran problema, ¿no crees? ¿y si todos fueran porteros? sucedería lo mismo, estarían imposibilitados para ganar la contienda.

Esta idea también aplica para el manejo de dinero, por lo que no debe usarse para una sola cosa. Enséñales a tus hijos a separar cantidades específicas de dinero, para atender necesidades distintas.

A través de implementar el sistema de los sobres, tu hijo aprenderá a dividir sus ingresos de acuerdo a porcentajes flexibles dependiendo de lo que recibe, esto para asegurarse de siempre tener fondos para lo que quiere y necesita, pudiendo gastarlos sin ningún sentimiento de culpa.

SISTEMA DE LOS SOBRES

Para un niño, el dinero tiene una función principal: gastar. Este sistema le enseñará que el dinero tiene en realidad más funciones, y se recomienda usar mientras tus hijos no cuentan con la edad suficiente para tener sus propias cuentas bancarias.

Dales 4 sobres para: ahorros, inversiones, gastos y donaciones. Cada vez que tu hijo reciba dinero ya sea por sus labores en casa, algún negocio que se haya montado, o si lo recibe de ti por cualquier motivo, es recomendable dividirlo de la siguiente manera:

SOBRE 1:	AHORRO: 20%
SOBRE 2:	INVERSIONES: 20%
SOBRE 3:	GASTOS: 55%
SOBRE 4:	DAR: 5%

Supongamos que tu hijo recibe $10 dólares por haber completado su tarea o simplemente como un regalo de tu parte, él o ella lo dividirá en los sobres de la siguiente manera:

SOBRE 1:	AHORROS: $2
SOBRE 2:	INVERSIONES: $2
SOBRE 3:	GASTOS: $5.5
SOBRE 4:	DAR $0.5

El dinero en los sobres respectivos lo puede utilizar como se indica a continuación:

Ahorros: Este sobre debe permanecer intacto, solo debe entrar dinero y nunca salir, durante espacios de tiempo que vayan de mínimo 6 meses y hasta 2 años; lapso que debería ser suficiente para almacenar una cantidad con la que tu hijo o hija pueda comprar lo que quiera. Este sobre también sirve como fondo de emergencia. Si por alguna razón tu hijo deja de recibir temporalmente, tendrá esto para gastar.

Inversiones: El dinero en este sobre puede ser utilizado para invertir en algún negocio de acuerdo con la edad de tu hijo. También es importante enseñarle el concepto y el valor del interés compuesto, para que llegado el momento, decida invertir su dinero en una cuenta de inversión que pague intereses, mismos intereses que reinvertirá si en verdad quiere aprovechar las ventajas que brinda esta modalidad de generar ingresos. Invertir en criptomonedas, siempre y cuando entienda la dinámica de esta nueva modalidad de dinero.

Gastos: Este parece ser el sobre favorito de todo adolescente. El dinero que se acumula en él puede ser utilizado para gastos semanales o mensuales, según sea el caso: salidas con amigos, compras, pizza, videojuegos, iTunes, App Store, maquillaje, ropa, tenis, bolos, parques de atracciones, etc. Tu hijo debe tener la disciplina para evitar tomar dinero de otros sobres una vez que este se agote y esperar a tener fondos de nuevo.

Dar: Este sobre es importante porque siempre habrá gente con menos oportunidades a la cual asistir. Tu hijo podrá ayudar a quién más lo necesite con los fondos acumulados. Deja que él o ella escoja a quién darle dinero, considera a organizaciones benéficas, a los pobres o a los sintecho. También puede optar por dar algún juguete valioso que ya no use, o simplemente donar su tiempo a través de trabajo voluntario para la caridad de su elección, ya que es posible que no haya acumulado suficiente dinero para darlo.

Recuerda que lo más importante del *Sistema de los Sobres*, es que tu hijo adquiera el hábito de administrar su dinero.

Por increíble que parezca, menos del 1% de los adultos de hoy, tiene un sistema claro para manejar su dinero y por eso, la enorme mayoría de ellos tiene cero ahorros. Y cuando la gente no tiene dinero ahorrado, no son capaces de enfrentar emergencias ni de comprar lo que quieren y peor aún, no están en posición de invertir. Incluso algunos tienen que trabajar durante la edad de jubilación y en ocasiones, hasta la vejez.

Si enseñas a tus hijos cómo administrar su dinero, aprenderán la importancia de ahorrar, invertirán, seguirán haciéndolo crecer y tendrán paz financiera a lo largo de su vida. A medida que tu hijo crece, puede sustituir cuatro cuentas bancarias con el mismo propósito, en lugar de cuatro sobres.

¡Y eso es todo! Si parece muy simple, es porque lo es. Los mejores sistemas son los más simples y fáciles de implementar.

NO ESTUDIES PARA UN TÍTULO, ESTUDIA PARA LA VIDA

Quienes me conocen de tiempo atrás, saben que nunca fui un buen estudiante. Cambié de escuela más de una docena de veces (es increíble, pero cierto), casi siempre por mi conducta indisciplinada y mi negación absoluta a hacer nada que fuera una obligación. Seguramente mi actitud rebelde tuvo que ver en ello.

Soy el tercero de cuatro hermanos. Dicen que el primer hijo enseña a los nuevos padres los aspectos fundamentales de la crianza. El segundo establece una nueva dinámica familiar; los padres tienen más confianza y experiencia y le dan al segundo hijo más independencia. Con el tercero tienden a ser menos exigentes, lo que le da al niño un mayor deseo de sobresalir y llamar su atención. Luego viene el niño más joven, que siempre será considerado "el benjamín" de la familia, a cualquier edad.

Así que, para bien o para mal, me convertí en un maestro de las travesuras. En la escuela, hice algunas cosas que no puedo decir que recuerdo con orgullo. Fui suspendido más de una vez hasta por 30 días seguidos, a menudo me expulsaban de manera definitiva o simplemente me negaban la posibilidad de re-inscribirme.

Con el tiempo, fui consciente de la paciencia con que mis padres enfrentaban el calvario, ya que siempre buscaban otras opciones donde pudiera continuar mis estudios. Debido a que nunca se dieron por vencidos ni renunciaron a mí, yo jamás me negué a continuar y siempre intenté adaptarme a cada nueva escuela a la que llegaba. Sin embargo, en muchos casos esto no fue suficiente para no ser expulsado de nuevo.

Puedo decir con certeza que estar en tantas escuelas diferentes, me hizo entender cómo funciona el sistema de educación tradicional y cómo estaban siendo operadas las instituciones educativas, por lo que algunas veces usé ese conocimiento para darle la vuelta al sistema y continuar mis estudios. Y no era que los culpara, la mayoría de las veces aceptaba que el del problema era yo y mi total indisciplina. También experimenté muchos estilos de enseñanza y parecía que ninguno de ellos era adecuado para mi carácter. No tenía sentido para mi estudiar libros enteros, ni aprender la lección de arriba abajo y de izquierda a derecha, para poder recitar de memoria todo el contenido, o escribir mil cosas en un cuaderno para sacar una buena calificación. Y todo para terminar por olvidar lo aprendido al momento de salir de un examen y sin poder aplicar algún nuevo conocimiento en tu vida cotidiana.

Mis maestros se enojaban porque me distraía durante las clases. Odiaba tener que recordar verbos subjuntivos, partes de la célula o cómo despejar una ecuación con dos incógnitas. El término "hipotenusa" me sonaba como una enfermedad contagiosa. Cuando le pregunté a un maestro en qué situaciones de la vida real podría aplicar el Teorema de Pitágoras, me dijo "ya lo descubrirás con el tiempo". ¿Adivina qué? Han pasado más de tres décadas y todavía no he encontrado una situación en la que tenga que utilizar el Teorema de Pitágoras.

Cuando le explicaba esto a mis padres, ellos comprendían que de alguna manera tenía razón, pero en mi inmadurez no alcanzaba a decirles lo que ahora tengo muy claro: No me gustaba la escuela porque, simplemente, tiene muy poco que ver con la vida real.

Ahora me doy cuenta de que en ese entonces, quería aprender sobre cosas importantes y trascendentes en la vida que no nos enseñan en la escuela, como por ejemplo: cómo mejorar tus relaciones interpersonales o cómo lograr tus metas para sentirte satisfecho y en ultima instancia, ser feliz.

Administrar dinero es uno de los aspectos más importantes qué debes aprender y cuánto antes empieces a hacerlo, tanto mejor!

Siempre he creído que la educación debe ser un vehículo para crecer como persona, desarrollar tus habilidades y alcanzar tu máximo potencial, no un simple entrenamiento con manuales y contenido estático. Uno de los principales propósitos de la educación, es lograr que el estudiante se involucre en todo momento, para efectivamente aprender nuevas habilidades que le ayuden a resolver situaciones cotidianas y no sólo memorizar conceptos vacíos que no tienen ninguna utilidad en el día a día. Cuando veo esas empresas que capacitan a su personal sólo a través de manuales y charlas, me pregunto qué resultado pueden obtener de eso. Al contratar a alguien, no deberíamos profundizar en sus credenciales académicas como aspecto principal a evaluar, sino en su experiencia y capacidad para resolver problemas, ¿no es eso lo que esperarías tener en tu negocio, gente que sepa resolver problemas?

Claro que es importante tener un manual a la mano y conocimientos teóricos, pero mucho más importante es que la persona se ejercite en la práctica y sepa lo que tiene que hacer, justo como se hace en la vida diaria. Por eso desconfío de esos profesores que dicen a sus alumnos que se deben preparar para cuando salgan al mundo real ¡cómo si la escuela fuera un mundo de fantasía! Mi crítica contra la educación tradicional es que no se centra en resolver los retos cotidianos. Además, deja al estudiante con la impresión de que una vez terminada la "formalidad" de la escuela, no hay nada más que aprender.

Esta es una de las grandes contradicciones del sistema educativo tradicional: Por ejemplo, manejar dinero es uno de los aspectos más importantes en la vida de todo ser humano y sin embargo, ¡no está incluído en el plan de estudios! ¿Por qué?

No me malinterpretes, lo único que estoy diciendo es que la educación tradicional no siempre satisface las expectativas de superación del estudiante y mucho menos las necesidades que surgen y cambian de manera vertiginosa, en una sociedad como la de hoy.

Tal vez lo más importante que la educación tradicional hizo por mí, fue ayudarme a descubrir mis fortalezas y debilidades. A partir de ahí, pude trabajar en lo que más me interesaba y construir con base en ello. Sin embargo, si sientes que vale la pena ir a la universidad, adelante; sólo que la universidad por sí sola, no te enseñará cosas importantes que necesitas saber para enfrentar algunos de los desafíos más críticos que se presentan en la vida moderna.

Para aquellos que quieren ser doctores, ingenieros, investigadores, abogados, científicos y otras carreras con un alto grado de especialización o que requieren de una cédula profesional para su ejercicio, es esencial ir a la universidad e incluso estudiar un posgrado; pero ¿qué pasa con carreras menos rigurosas como Sociología, Historia, Filosofía y Literatura? Si no tienes un plan para explotar plenamente tu carrera (y aquí a lo que me refiero es a ganar dinero con ella), te recomiendo aprender tanto como puedas sobre esos temas por tu cuenta y en el campo profesional, y tomar tu dinero para invertirlo en un negocio productivo, mientras cumples tu sueño de aprender esa disciplina por otros medios.

Esto me lleva a otra cosa que me distancia de la educación tradicional: cuánto cuesta. Los padres tienen que gastar mucho para enviar a sus hijos a una universidad privada, a veces tienen que vender parte de sus activos o incurrir en deudas. Y después de concluir su educación superior, por lo general es difícil para un graduado conseguir un trabajo bien remunerado.

APRENDER JUGANDO

Un problema que estaba teniendo con respecto al sistema educativo tradicional, era que sentía que no estaba involucrado en el proceso de aprendizaje. Los profesores imparten sus clases sin diferenciar a los estudiantes y todo esta diseñado para aprender las mismas cosas y al mismo tiempo, les guste o no a los alumnos. Y esto hace que la enseñanza sea ineficiente, porque asume que todos los estudiantes tienen el mismo talento, coeficiente intelectual e intereses de vida.

De esta manera, el alumno pierde interés por aprender y se convierte en un repetidor de conceptos para pasar la materia. Justamente como NO sucede en la vida real.

Fue mucho tiempo después de ir a la escuela, que llegué a entender que la clave para aprender más rápido y convertir los conocimientos adquiridos en habilidades prácticas, es involucrar al alumno, convirtiéndolo en la pieza más importante del proceso.

Cuando haces esto, el estudiante inmediatamente se interesa, se entretiene y puede absorber mejor el conocimiento.

Durante mi tiempo como productor de eventos, recuerdo que cada vez que una empresa me encargó llevar a cabo un evento para reforzar cualquier tipo de información que quisieran transmitir a sus empleados, distribuidores o clientes, diseñamos programas interactivos que involucran a todos los participantes, entregando la información de una manera divertida y creativa, y asegurándonos de que todos comprendieron el mensaje.

En dichos programas, enseñamos nuevas habilidades y conceptos a un nivel de conocimiento profundo, a través de juegos y actividades que se llevan a cabo en un entorno seguro, donde es posible cometer errores sin temor a ser criticado y volver a intentarlo hasta lograr el objetivo.

Pero esto no es una tarea sencilla, hay que combinar demasiados factores que aparentemente no tienen relación entre sí y muchas veces nos equivocamos. Sin embargo, aprendimos de nuestras fallas y logramos diseñar programas de capacitación de éxito, didácticos y divertidos, para apoyar a los participantes a operar una transformación interna durante nuestros eventos.

En mis conferencias y seminarios utilizo las mismas técnicas que implementé en mis eventos, involucrando a todos los participantes y logrando que desarrollen nuevas habilidades para la vida real, sin siquiera notar que están aprendiendo.

Enseñar a las personas de esta manera, se puede aplicar perfectamente en nuestra primera escuela: la familia. Por eso, si acaso no lo estás haciendo, te recomiendo interactuar con tus hijos a través de juegos de mesa en los que aprendan temas relativos a negocios, manejo de dinero e inversión.

Muchos de nosotros conocemos el juego de mesa Monopolio; en mi caso, obtuve muchos beneficios como adulto por haberlo jugado cuando era niño.

Monopolio es el juego ideal para que tus hijos aprendan sobre los principios básicos de las finanzas y la administración de empresas. Te permite enseñarles cómo cobrar y recibir dinero, obtener incentivos y sanciones, pedir préstamos al banco y pagar intereses.

También aprenden sobre ventas y cómo invertir en bienes raíces para generar un "portafolio inmobiliario", que les permita construir riqueza mientras avanza el juego.

Hay otros juegos de mesa con los que se puede aprender sobre dinero. El mejor de todos los que he jugado es *Cash Flow*. No voy a detenerme a explicar de qué se trata, pero baste con decir que es la versión avanzada del Monopolio, te lo recomiendo ampliamente, lo puedes comprar en Amazon.

Puedes buscar en Internet otros juegos apropiados para la edad de tus hijos. Mientras juegan juntos, detente a explicarles qué significan las acciones del juego y cita ejemplos que correspondan con la realidad. Invierte tiempo con ellos jugando estas dinámicas. Solo piensa que aprender los mismos conceptos y principios en la vida real, puede resultarles muy costoso y no ser nada divertido.

CLAVES ESENCIALES DE ESTE CAPÍTULO

1. Si no enseñas a tus hijos sobre cómo administrar su dinero, nadie lo hará y estarán expuestos a aprender de las fuentes equivocadas.
2. Aprender buenos hábitos financieros desde niños, puede ayudarles a evitar problemas de dinero como adultos.
3. Si tu familia está teniendo una crisis financiera, explícales a tus hijos que es algo temporal.
4. Nunca les des la impresión de que el dinero siempre será escaso.
5. Habla con tus hijos acerca de cómo se sostiene tu hogar.
6. Consulta con tu familia cuando se trata de realizar un gran desembolso.
7. Anima a tus hijos a iniciar un pequeño negocio, enséñales sobre cómo funciona, para que no tengan miedo de manejar uno cuando crezcan.
8. Los adolescentes no deberían tener tarjetas de crédito.
9. Dales una tarjeta de crédito sólo después de que sepan ganar su propio dinero.
10. Un sistema de penalización y un sistema de recompensas, son buenos para enseñar a los niños el valor real de las cosas.
11. Puedes pagar a tus hijos por hacer las tareas de la casa, pero hazlo con un sistema claro.
12. Prestar dinero a amigos y familiares puede dañar la relación.
13. En lugar de prestar dinero, haz una donación desinteresada, si estás en posición de hacerla.
14. Utiliza el sistema de sobres para enseñar a tus hijos cómo administrar su dinero.
15. Pueden reemplazar estos sobres con cuentas bancarias, después de que alcancen la edad adecuada.
16. Estudia para vivir una vida mejor, no para obtener un título.

LOGRAR RIQUEZA DURADERA

CAPÍTULO 10
HÁBITOS

La forma más rápida de alcanzar el éxito financiero, es nutriendo tu rutina de hábitos para triunfar.

¿Qué es un hábito? Un hábito es una acción inconsciente que puede ayudarnos o perjudicarnos sin que nos demos cuenta. Es cualquier comportamiento repetido regularmente, que requiere poco o ningún razonamiento para llevarse a cabo y es algo que se aprende, en lugar de ser innato.

¿Cuándo una acción se convierte en un hábito? El tiempo que tarda en formarse un nuevo hábito puede variar ampliamente, dependiendo de la persona, las circunstancias y el hábito mismo. Según un estudio de la investigadora londinense Phillippa Lally, toma entre 18 y 254 días a las personas formar un nuevo hábito, pero el tiempo más común es 21 días.

La clave es disminuir la actividad cerebral para esa acción. ¿Y cómo lo consigues? Repitiéndola muchas veces hasta que lo automatices. Eso es todo.

Ahora, ¿te imaginas cómo sería tu vida si la mayoría de tus hábitos te beneficiaran automáticamente? ¿Que fueran parte de tu vida diaria y los realizaras sin siquiera pensarlo? ¿Te das cuenta por qué es importante adoptar buenos hábitos que te apoyen en el logro de tus objetivos?

Permíteme mostrarte algunos hábitos que pueden ayudarte a lograr un cambio positivo en tu vida. Sé por experiencia que pueden funcionar para cualquier persona que los adquiera. Estos son los mismos hábitos de millonarios, líderes empresariales, atletas de alto rendimiento y muchas otras personas que han alcanzado resultados excepcionales en sus vidas.

OCHO HÁBITOS PARA SER FELIZ

A medida que prosperas mientras logras tus metas financieras, no debes descuidar otras cuestiones igualmente importantes. Aquí hay ocho hábitos simples pero poderosos, para ayudarte en tu camino a la riqueza material, sin descuidar un aspecto fundamental: ¡tu felicidad!

HÁBITO #1: DEFINE TU FELICIDAD

Si no sabes lo que te hace feliz, temo decirte que no llegarás a ningún lado, puesto que debes de ser capaz de ver tu meta para poder llegar a ella. No saber qué es lo que te hace feliz, te hará perder las oportunidades que a menudo pasan frente a ti.

HÁBITO #2: VIVE EN EL PRESENTE

Sé que es un cliché, pero es la verdad: Si quieres tener paz mental debes vivir conscientemente cada momento. Deja de preocuparte por mañana, la semana entrante o el año que viene. Tampoco lo hagas por el pasado. Empieza a disfrutar del ahora.

HÁBITO #3: DA EL PRIMER PASO Y SIGUE AVANZANDO

¿Alguna vez escuchaste el dicho "llegas a la parálisis por análisis"? Muchas veces perdemos el enfoque de nuestras metas por pensarlas demasiado. Damos vueltas y vueltas y nunca actuamos. Me ha pasado a mí y he sido testigo de esto en un sinfín de ocasiones, especialmente cuando se trata de lanzar un negocio y hacerlo crecer.

Con el afán de no llevar a cabo ningún movimiento arriesgado, podemos pasar semanas o meses, planeando la estrategia perfecta y lo que sucede al final es que dejamos de tomar acción, hacemos un análisis excesivo y permanecemos estáticos, atrapados en las preocupaciones. No dejes que eso te suceda, da el primer paso y sigue avanzando hasta lograr tu meta.

HÁBITO #4: CONQUISTA EL MIEDO DE FALLAR

El hábito anterior tiene mucho que ver con el miedo. Nos educaron para ver el fracaso como algo malo que hay que evitar. Paradójicamente, el fracaso es la piedra angular del éxito. ¿Cuándo fue la última vez que fracasaste sin terminar totalmente frustrado? En mi experiencia, haber fallado en varios proyectos importantes ha sido de mis mayores enseñanzas. Las primeras caídas fueron muy dolorosas, tanto, que estuve tentado a abandonar la lucha, pero por alguna razón no lo hice y aprendí que fracasar es aprender.

Dicen por ahí que si no estás fracasando, no te estás esforzando lo suficiente. Si todo se siente muy seguro en tu vida, significa que estás atrapado en una rutina y solo vas con la corriente; y con ello nunca lograrás crecer. Así que atrévete a arriesgar y fracasar y comprende que las caídas son lecciones invaluables.

HÁBITO #5: ENFÓCATE EN EL RESULTADO SIN MUCHAS EXPECTATIVAS

En la vida, no siempre obtendrás los resultados que deseas, no importa lo duro que lo intentes o lo mucho que hagas. Digamos por ejemplo, que tu negocio no consigue una ganancia más alta que el año pasado, o algo así. Si eso sucede, la reacción natural es frustrarse y sentirse infeliz. Esta es la razón por la que debes deshacerte de cualquier expectativa de resultados perfectos; no sólo no te sentirás decepcionado si las cosas no salen a tu manera, también te desharás del enorme peso que representa tener grandes expectativas. Serás una persona más tranquila y feliz.

Si algo no sucede cómo lo esperabas, deberás tomar medidas e intentar corregir el curso para lograr poco a poco lo que estás buscando.

HÁBITO #6: BUSCA SIEMPRE QUE LAS COSAS SEAN MEJORES

No te conformes con menos de lo mejor. Cuando digo esto no me refiero a lo mejor del mundo, sino a lo mejor que puedes hacer. Si tu economía no es lo suficientemente buena, haces lo que sea para mejorarla, ¿correcto? Lo mismo sucede si tu relación de pareja no va bien, intentas enriquecerla para que mejore. Cuando te acostumbras a estar con menos de lo mejor, sacrificas la dicha que puedes obtener cada vez que te superas. Por eso, si quieres ser más feliz, busca que las cosas de tu vida sean mejores siempre.

HÁBITO #7: NO LO TOMES PERSONAL

Si algo no sale bien ya sea en tu vida privada o en los negocios, no lo tomes personal. Guardar algún resentimiento contra otras personas, circunstancias o contigo mismo es la mejor manera de envenenar tu felicidad, tu salud y tu éxito. ¿Alguna vez has guardado rencor a alguien que te perjudicó y te obsesionaste con eso? Para que lo sepas, ese rencor no está afectando a esa persona, sólo te está afectando a ti. No importa cuánto hiervas por dentro, es poco probable que él o ella recuerde lo que hizo para lastimarte.

Tienes que soltar las emociones negativas. Sé que es más fácil decirlo que hacerlo, pero es posible y eso también lo sé por experiencia.

HÁBITO #8: BUSCA UNA CONEXIÓN CON DIOS

Trata de encontrar una conexión espiritual con el Creador. Cuando te unes a Dios, tu alegría se expande. No te confundas, el dinero y la seguridad financiera son importantes, pero lo verdaderamente trascendente, lo más valioso de la vida, no se mide en posesiones materiales. Y recuerda: la oración es el vínculo que nos conecta con el Ser Supremo.

CLAVES ESENCIALES DE ESTE CAPÍTULO

1. Los hábitos correctos pueden ayudarte, los equivocados pueden ser un obstáculo.
2. Debes ser capaz de definir tu felicidad para alcanzarla.
3. Disfruta de ser feliz en este momento.
4. No tengas miedo de fallar.
5. Evita centrarte en resultados perfectos.
6. Siempre busca que las cosas sean mejores.
7. No tomes los contratiempos de manera personal.
8. Encuentra una conexión con Dios.

CAPÍTULO 11

TU PROPÓSITO DE VIDA

"Hay dos grandes momentos
en la vida de una persona: cuando nace,
y cuando descubre para qué"
– William Barclay

Uno de los pasos más importantes en tu camino a la riqueza es establecer un propósito de vida. Así que antes de empezar con todo esto, debes preguntarte:

¿Por qué hago lo que hago?

Tu propósito de vida es más grande que tus metas y objetivos. Al principio de esta aventura, puede que tengas el objetivo de salir de deudas, o la meta de generar excedentes en tu presupuesto para empezar a ahorrar. Quizás sea pagar la educación de tus hijos, invertir y comprarte una casa. Pero tu propósito de vida es el gran paraguas que cubre todos tus objetivos, metas y sueños y que va más allá de ellos.

Justo antes de cumplir 15 años, mis padres a menudo se iban con sus amigos a pasar el fin de semana fuera de la ciudad, dejándonos la casa sola para mis hermanos y para mí. Yo no perdía ni un minuto y empezaba a invitar a todo el mundo a la fiesta que haría en mi casa, ese mismo fin de semana. Mis padres salían de viaje por lo menos una vez al mes, por lo que seguí organizando estas reuniones clandestinas con frecuencia.

Al principio, sólo organizaba estas fiestas para pasar un buen rato con mis amigos. Sin embargo, a medida que las reuniones se volvieron más regulares, descubrí que tenía un talento especial para organizarlas.

Con el tiempo, mis fiestas se hicieron tan populares, que terminé cobrando la entrada y vendiendo todo tipo de bebidas a los asistentes. Claro que las bebidas alcohólicas sólo estaban permitidas a mayores de edad ¡obviamente!

La oficina de mi padre estaba en un edificio al lado de nuestra casa. Como era arquitecto, diseñó y construyó un pasadizo secreto para comunicar ambas propiedades. Eso volvía aún más atractiva la experiencia de asistir a mis convites. Todo mundo hablaba del pasadizo secreto y siempre querían transitar de una casa a otra, a través de él. De esta forma, lo que inició en mi casa terminó expandiéndose a la oficina de al lado. La música y el baile sucedían en mi hogar, y en la oficina de mi padre, organizaba juegos de casino con apuestas "de a peso". Aquellos guateques fueron tan exitosos, que fui ganando popularidad y prestigio como organizador de eventos. Y por supuesto que no me molestaba obtener ingresos que cualquier persona de mi edad en aquél entonces, hubiera considerado un montón de dinero.

Fue entonces cuando nació mi pasión por organizar eventos.

Siempre he creído que la pasión es la fuerza que nos impulsa a ser mejores haciendo lo que más nos gusta. Existen personas con talento para muchas cosas, pero no sienten pasión por ello. Otros tienen la fortuna de nacer con algún talento (o desarrollan uno a través del tiempo) y a la vez sienten una fuerte pasión por esa labor. Yo me incluyo en el segundo grupo: era muy bueno organizando eventos y dirigiendo a todo un equipo de personas y además ¡Lo disfrutaba como nada en el mundo! Muchos de mis amigos de aquella época se enteraron que años después, fundé una empresa de producción de eventos a gran escala y cuando me encontraba con ellos siempre me decían lo mismo: "No me sorprende para nada, todos hablaban de las fiestas que organizabas ¡estabas hecho para esto!"

A diferencia de muchos jóvenes que pasan por serios conflictos para encontrar qué van a hacer con su vida, para mí fue una transición natural. Durante muchos años, ya con el negocio formalmente establecido, continué disfrutando al máximo de esta ocupación. En ocasiones me olvidaba de que era un trabajo. Me divertía mucho y lo mejor de todo, ganando grandes cantidades de dinero. Es totalmente cierto que si te gusta lo que haces, debes concentrarte en hacerlo lo mejor posible y el dinero vendrá como una consecuencia inminente. Eso sucedió en mi caso.

Entiendo que no todos corran con la suerte de saber desde muy jóvenes cuáles son sus habilidades y su pasión, pero esa no es excusa para no empezar hoy mismo a trabajar en ello y descubrirlo. Hazte la pregunta: ¿Qué podría hacer durante un tiempo prolongado sin aburrirme? Si quieres disfrutar realmente de lo que haces en tu negocio, es importante que encuentres esa actividad que te apasione, pero que también te permita desarrollar las habilidades suficientes para sobresalir entre los demás al llevarla a cabo. Empieza a trabajar en eso todos los días, piensa en la respuesta a esa pregunta.

El éxito es algo que todos deseamos, pero a veces no importa qué esfuerzos y sacrificios hagamos, simplemente no sucede. No lo logramos. Esto puede deberse a que centramos nuestros esfuerzos haciendo lo que no queremos, para obtener lo que queremos. Es decir, nuestros objetivos son correctos, pero nuestro método para lograrlos es incorrecto.

Buscamos triunfar haciendo algo que no nos gusta y nos mantenemos ahí, porque la cultura del esfuerzo nos dice que vale la pena cualquier sacrificio, a cambio de obtener beneficios materiales y que tenemos que "trabajar duro" para alcanzar el éxito. Lo siento por aquellos que han pasado parte de sus vidas persiguiendo sus metas de esta manera, porque esa es la forma equivocada de hacerlo.

Aquí hay dos cosas para recordar: en primer lugar, para tener éxito no es suficiente trabajar duro haciendo lo que te gusta, debes además saber sobre gestión de negocios, entender las diferencias entre marketing y publicidad, tener nociones de contabilidad, administración, recursos humanos y lo más importante, dominar el tema de las ventas.

En segundo lugar, hay miles de empresarios por ahí tratando de conseguir los mismos clientes que tú. Así que si quieres destacarte entre los demás, asegúrate de hacer las cosas mejor que tu competencia.

¿Cómo te aseguras de ser mejor que la competencia? Invirtiendo en ti mismo. Tómate el tiempo para aprender cosas nuevas, asistir a cursos, leer libros, etc. Si te encuentras presionado por el tiempo, puedes escuchar programas de audio mientras te desplazas de un lado a otro o al hacer ejercicio. Cuanto más aumentes tu nivel de conocimiento, más probabilidades tendrás de hacer las cosas mejor y en última instancia, de alcanzar tus metas.

Trabajar con talento y pasión, representa un gran avance en la consecución de tus objetivos personales y financieros, pero aún así, eso no garantiza que estés viviendo una vida plena, si no estás cumpliendo un propósito.

Cuando persigues un propósito, consigues incrementar la energía que te mantiene en marcha.

Echemos un vistazo a los japoneses. Son conocidos en todo el mundo por su eficiencia, cultura de trabajo y su férrea disciplina. Hay un término llamado "Ikigai" que define en gran medida cómo son.

La traducción literal de Ikigai es "deseo de vivir", aunque para el japonés esto en realidad tiene un significado más profundo. Ikigai es la relación entre tu pasado, presente y futuro, para desarrollar todo tu potencial y cumplir tus propósitos. Las lecciones de vida —es decir, tus experiencias— deben llevarte a un estado de plenitud en el presente (la felicidad) y motivarte a hacerlo mejor al día siguiente.

Durante muchos años disfruté organizando eventos y obteniendo buenas ganancias al hacerlo. Sin embargo, no tenía idea de cuál era mi propósito de vida. Realizaba las cosas en automático. Ante la falta de reflexión y por ende, de respuestas, eventualmente terminé por retirarme de esa actividad, entre otras razones, porque llegué a sentir un gran vacío interior, al cuestionarme qué sentido tenía todo eso y no encontrar una respuesta satisfactoria.

Alguna vez escuché que entre más fuerte sea el porqué de lo que haces, tanto más fácil será el cómo hacerlo. Si haces algo sólo por el dinero, es probable que pronto pierdas el interés y abandones ese proyecto. Estoy seguro de que eso mismo es lo que me pasó, cuando perdí mi gusto por producir eventos. Comencé a sentir que aquello que tanto disfrutaba en un principio, se estaba convirtiendo en un desgaste emocional enorme. No tenía una razón de fondo que le diera un sentido a mi trabajo y me motivara a seguir.

ENTONCES ¿QUÉ ES UN PROPÓSITO DE VIDA?

Mucha gente confunde la pasión con el propósito de vida, pero son dos cosas muy diferentes. La pasión podría entenderse como un gusto o placer inmediato. El propósito de vida es una fuerza permanente que motiva tus acciones, algo que va más allá de tu gusto por hacerlo. Es la razón superior de porqué haces las cosas para mejorar algo del mundo que te tiene descontento, pero este ideal es a menudo inalcanzable, y ni siquiera una vida es suficiente para completarlo.

Aclaremos: tu propósito de vida no es tener una casa nueva o un auto de lujo, porque eso sería una meta por la que tienes que trabajar, ganar dinero y adquirirlo. Viajar por el mundo o encontrar la pareja ideal, no podría considerarse un propósito de vida, sino un sueño que puede llegar a suceder algún día, por lo cual debes hacer lo que te corresponde y tener la expectativa de que así será.

Cosas como estas no pueden ser tu propósito de vida, simplemente porque una vez que consigues la casa de tus sueños, ese auto, la pareja ideal y esos viajes por el mundo, entonces tu propósito de vida habrá terminado.

Un propósito de vida es algo por lo que sientes una profunda vocación, un llamamiento que incluso harías sin que te paguen.

Normalmente, las personas se definen a sí mismas por lo que hacen, pero la verdad es que muy pocos destinan el tiempo necesario para descubrir las razones detrás de sus acciones.

Recuerdo cuando finalmente empecé a preguntarme cuál era mi propósito de vida. Busqué respuestas obsesivamente. En algún momento, me sentí satisfecho al organizar eventos y por las recompensas inmediatas que me brindaba en lo material, pero sabía que algo más profundo me estaba faltando.

Para ilustrar más lo que es un propósito de vida, usemos un ejemplo narrado por uno de mis maestros: Cuando una abeja aterriza en una flor, el propósito que se hace evidente para un observador humano, es que su objetivo es obtener miel de ella. Sin embargo, en realidad la abeja hace más que eso. Su verdadero propósito es llevar a cabo la polinización de las flores. Este proceso, transfiere el polen del estambre al estigma de la flor para germinarlo y fertilizar sus óvulos, haciendo posible la producción de semillas y frutos.

Sin la acción polinizadora de esta abeja, nuestra existencia se vería seriamente comprometida, ya que gran parte de la nutrición humana depende de este proceso.

En este caso, podemos definir la pasión como el acto de la abeja de obtener la miel, y la difusión del polen vendría a ser el propósito de vida. Si esa pequeña acción de la abeja ayuda a mantener activa a la humanidad, piensa en tu propósito de vida como algo que debería tener un efecto similar.

Sólo después de escuchar este ejemplo, entendí completamente lo que significa tener un propósito de vida y pronto descubrí que el mío es reformar el sistema educativo para presentar una manera más eficiente y divertida de aprender. Y al hacer eso, pongo especial énfasis en enseñar a más personas a construir un mejor negocio y lograr su libertad financiera, lo que puede traducirse en una vida estable, plena y feliz.

Se que mi labor nunca será tan importante como la polinización de las abejas, pero a veces, al término de un seminario o una conferencia, cuando de pronto alguien se acerca y me dice que está decidido a construir un mejor negocio y lograr su libertad financiera, tengo la impresión de que estoy contribuyendo, aunque sea con un grano de arena, a dar equilibrio al mundo.

¿CÓMO ENCONTRAR TU PROPÓSITO DE VIDA?

Este no es sólo un problema filosófico. En términos prácticos, debería ser una de las principales cuestiones a resolver en la vida, porque una vez encontrado tu propósito de vida , todo se aclara y comienza a tener sentido.

Saber cuál es tu talento y tu pasión es quizá el mayor avance en tu búsqueda por encontrar tu propósito de vida, ya que es el reflejo de quién eres, de aquello en lo que crees y disfrutas, de lo que quieres a tu alrededor.

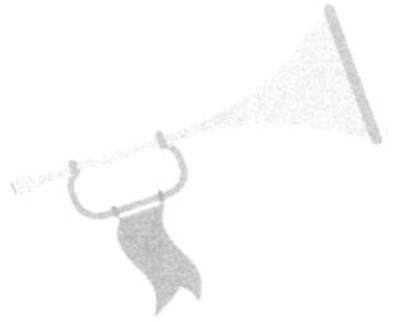

Un propósito de vida es algo por lo que sientes una profunda dedicación, un llamamiento que incluso harías sin que te paguen.

Piensa: ¿en qué eres bueno o qué se te facilita hacer más? A partir de tus habilidades actuales o potenciales, puedes encontrar tu talento. Ahora dime, si pudieras hacer lo que más te gusta sin tener que preocuparte por temas económicos, ni por cuánto tiempo lo hagas ¿qué sería? Respondiendo a estas preguntas puedes empezar a identificar tu talento y pasión.

Si puedes responder estas preguntas, vas por el camino correcto para encontrar tu propósito de vida. Es mejor hacerte estas preguntas tan pronto como puedas; algunas personas jamás se cuestionan nada de esto y llegan al final de sus días sin haber encontrado jamás su propósito de vida.

Aquí hay más preguntas que podrían ayudarte a encontrar el propósito de tu vida. ¿Qué te gustaría cambiar de la sociedad en que vives? ¿Cómo contribuirías a hacer del mundo un lugar mejor para todos, pero de acuerdo con tu talento y pasión?

Si te encuentras confundido o con varias opciones, no te preocupes. Es normal luchar en tu búsqueda durante algún tiempo, o tener un propósito hoy y otro mañana; tarde o temprano encontrarás tu verdadero propósito en la vida. Somos humanos, evolucionamos y también nuestros planes e intenciones y por supuesto, nuestro propósito de vida. ¡Así que encuentra el tuyo y vívelo al máximo!

CLAVES ESENCIALES DE ESTE CAPÍTULO

1. **Tu propósito de vida es el gran paraguas que cubre todos tus objetivos.**
2. **Una buena manera de encontrar tu propósito de vida, es preguntarte cómo te gustaría cambiar el mundo para mejor.**
3. **Una vida con propósito, es una vida con significado.**

CAPÍTULO 12

CONSEJOS AL YO QUE FUI

Cuando tenía doce años, solía pasear por mi ciudad natal todo el tiempo. Ciudad de México es una metrópolis grande y compleja y definitivamente es una de las más bellas y enigmáticas del mundo.

Disfruté de hermosos rincones y parques que casi nadie conocía, exploré algunos de los barrios más antiguos que estaban llenos de historia y tradición, y me maravillé con la rica arquitectura urbana que los adultos normalmente ignoraban.

Viajé de un extremo de la ciudad al otro usando el metro, e incluso en bicicleta. El transporte público era barato, pero cuando no tenía suficiente dinero para el autobús, pedía un aventón a lo largo del camino. Era una época diferente.

Con toda la independencia que disfruté, crecí creyendo que había muy poco a lo que temer. La sensación de enfrentarme yo solo a la ciudad, me dotó de un sentido de libertad que con el tiempo aprendí a transmitir hacia mi vida cotidiana, particularmente a cómo dirigía mis negocios.

Sin embargo, también perdí mucho tiempo y energía por no conocer ciertos principios para lograr lo que quería.

Estoy seguro de que todos perdemos tiempo y esfuerzo durante la adolescencia. Si pudieras retroceder en el tiempo como Marty McFly en la película "Regreso al Futuro", ¿qué le dirías a tu yo del pasado? Si eso fuera posible, estos son los consejos que le diría al yo que fui, cuando tenía 12 años:

1. ¡APLICA LA LEY DE LA LÍNEA RECTA!

"Toma la ruta más sencilla y directa a donde quieres ir"

Le diría a mi yo más joven: "Jorge: recuerda que la distancia más corta entre dos puntos es la línea recta, así que no te distraigas y ve directo a donde quieres llegar". La ley de la línea recta es un principio básico de geometría que todos conocemos, pero que pocas veces ponemos en práctica.

Por ejemplo, si quieres ir de Buenos Aires a Ciudad de México, tomas la ruta más simple y directa y no lo haces vía Londres, ¿correcto? Lo mismo pasa cuando buscas un resultado específico en tu vida: no le agregas pasos innecesarios al proceso. Tomas la ruta más simple y directa.

Desafortunadamente todos tendemos a agregar pasos inútiles a nuestros proyectos, porque creemos que son necesarios y muchas veces esos pasos no son más que distracciones que nos retrasan, e incluso llegan a ser la causa de que tiremos la toalla en algún punto y no logremos lo que nos hemos propuesto.

2. SÉ PERSEVERANTE

"Puedes conseguir todo lo que quieras a través de la perseverancia"

Cuando era joven, quería todo fácil y rápido. Hoy, la perseverancia es mi bandera. Así que haz que sea tu arma secreta para lograr tus pequeños y grandes objetivos.

Hay una frase muy famosa de Calvin Coolidge que puede ilustrar perfectamente el valor de la perseverancia:

"Nada en este mundo puede tomar el lugar de la perseverancia. El talento no: nada es más común que personas fracasadas con talento. La inteligencia no: inteligencia sin recompensa es casi un cliché. La educación no: el mundo está lleno de negligentes educados. La perseverancia sola es omnipotente". Y por supuesto que debes ser educado para conocer la definición de omnipotencia.

3. APRENDE A SER PACIENTE

"Las cosas que valen la pena toman tiempo y esfuerzo para construirse"

Incluso con perseverancia, lo más probable es que cada objetivo que establezcas, se tarde más de lo que estimaste.

Vivimos en un mundo donde la gente es débil, porque quiere gratificación inmediata: Desea bajar de peso y si en un mes no han perdido diez kilos, renuncian a su objetivo y siguen engordando.

Todo lo que he logrado que ha tenido algún valor para mi, se ha tomado más tiempo del que originalmente pensé. Dicen que la tentación de abandonar tus sueños es mayor cuando estás a punto de llegar a la meta, por eso insisto en que seas perseverante y paciente.

4. Concentra tu energía

"Para obtener lo que quieres de la manera más simple y ágil, debes aplicar la cantidad correcta de energía y lograr lo que te propones, una cosa a la vez"

Recuerda que para poder llevar personas y equipos al espacio, un cohete necesita una gran cantidad de potencia para superar la fuerza de la gravedad. Sin embargo, una vez que se ha escapado del agarre de la atmósfera, el cohete sigue una órbita al rededor de la tierra, alimentándose de su propio impulso y entonces avanzar se vuelve mucho más fácil que al principio del viaje.

Algo así sucede cuando llevamos a cabo tareas y proyectos. La clave del éxito no es sólo comenzar con la mayor propulsión posible, sino también seguir trabajando para tomar ventaja de la energía que has generado. Sigue avanzando hasta terminar lo que empiezas, es muy importante no distraer energía vital en otras tareas o proyectos simultáneos, y no alterar el entusiasmo y el impulso que generas al trabajar en algo.

5. ENFOCA TU ATENCIÓN

"No te distraigas con cada estímulo que encuentras a tu alrededor y enfoca toda tu atención en un sólo objetivo"

Para hacer las cosas bien, debes concentrar tu mente en la tarea específica que estás realizando. No pierdas la concentración. Aprende a estar aquí, en el presente, para tu objetivo principal.

Imagina esto; si un cirujano realizara un trasplante de corazón, ¿crees que podría hacerlo mientras disfruta de un partido de béisbol? Claro que no.

A lo largo de la vida, enfocamos nuestra atención en cosas que poco o nada tienen que ver con lo que para nosotros es lo más importante, o lo que realmente queremos. Te recomiendo identificar situaciones en las que debas focalizar tu atención y dirigir tus esfuerzos al punto deseado. Cuando quieras lograr algo, no dejes que los estímulos ajenos te distraigan, dirige tu mente a tu objetivo y ve tras él.

6. Trabaja en tus fortalezas y no en tus debilidades

"No temas a tus debilidades, aprende a vivir con ellas y sólo trabaja en mejorar tus fortalezas"

Sólo es posible construir a partir de tus fortalezas, no lo olvides. No puedes –ni debes– construir a partir de tus debilidades. Concéntrate en tus puntos fuertes y visualiza tus proyectos a partir de ellos.

Por ejemplo: Si eres una persona tímida, trabaja tras bambalinas. Si eres extrovertido, te irá mejor interactuando con la gente. Lo importante es explotar al máximo eso en lo que eres bueno y construir a partir de ello.

7. No tomes atajos para llegar a la cima

"La vida es como una escalera, lo que quieres está hasta arriba y todos en este mundo empezamos desde abajo"

Independientemente de si naciste rico o pobre, siempre empiezas desde el primer escalón. Sin embargo, muchas personas intentan saltarse unos cuantos escalones para subir más rápido. Esto puede ser normal en una cultura que en ocasiones premia el logro, sin mérito ni esfuerzo. Pero ¿sabes lo que sucede cuando tomas atajos para llegar a la cima? Tropiezas y terminas lastimado. Después de eso, mucha gente ni siquiera vuelve a intentarlo porque el dolor es demasiado grande. Por eso hay que ir un paso a la vez.

Obtener lo que quieres implica merecer eso que quieres. El mundo no está tan torcido como para recompensar a quien no lo merece. Podrás decirme que hay gente que lo obtiene todo fácil y sin merecerlo, pero me parece inválido, porque incluso si consigues algo de esta manera, no experimentarás la misma satisfacción y disfrute que el que realmente trabajó duro para lograrlo. Oscar Wilde dijo que la gente tiende a saber el precio de todo y el valor de nada. Cuando obtienes las cosas por tu propio esfuerzo, no sólo aprendes a reconocer un precio, también su verdadero valor. Así que no hagas tus planes tratando de conseguir las cosas de la manera fácil. Las posibilidades de que eso suceda son una en un millón y no debes apostar tu futuro en algo con tan pocas posibilidades de éxito.

8. Sigue practicando hasta volverte un maestro

"Ve adonde está lo que buscas y familiarízate con ello"

Métete en el camino, alimenta tu curiosidad, involúcrate y aprende todo lo que debas aprender hasta volverte un maestro.

¿Quieres empezar un negocio? ¡Empieza ya! Sin importar cuál sea tu primer negocio, tu objetivo no es empezar el mejor emprendimiento del mundo. Es sólo tu primer intento, por lo que tu propósito debe ser empezar. A partir de ahí, podrás adquirir experiencia y seguir subiendo en tu escalera, avanzar de manera constante, siempre un paso a la vez.

Una vez que arrancas cualquier proyecto, tu perspectiva se abre y vienen a ti nuevas ideas, nueva creatividad. Te empiezas a cruzar con las personas adecuadas que te ayudan a avanzar con menos esfuerzo que al principio. Si arrancas un negocio, trátalo como si fuera el definitivo y practica con él. Tus habilidades mentales se expandirán, tu visión como dueño de empresa se fortalecerá y cuando llegue a tus manos la actividad adecuada para ti, ya habrás practicado lo suficiente para ejercerla con maestría.

9. Evita la resistencia

"La resistencia es la fuerza más tóxica del planeta. Es causa de más infelicidad que la pobreza y la enfermedad combinadas"

Cuando era joven (y como adulto también), no cumplía con muchas obligaciones y deberes sólo porque no estaba "de humor", entre otros pretextos como ese. La resistencia es la fuerza negativa que se interpone entre tú y tus objetivos y utiliza cualquier cosa para distraer tu atención y dirigirla hacia otra parte. Es la voz en tu mente que produce pereza e incertidumbre y te paraliza. Esa es la resistencia que debes evitar.

La resistencia más frecuente es la procrastinación; el terrible hábito de posponer asuntos importantes, haciendo cualquier otra cosa de menor importancia. Procrastinar es atender esas tareas que devoran tu tiempo, alejándote de lo que es verdaderamente importante.

10. Comprende que el tiempo es relativo

"Ten en cuenta que el tiempo es un recurso escaso, pero más que eso, es un concepto relativo"

Me siento afortunado de vivir mi propósito de vida. Quería crear una empresa propia y he conseguido empezar varias. Quería tener libertad financiera, me fui directo por ella y ahora la tengo. He cometido una gran cantidad de errores en el proceso, pero siempre que me apego a estos principios, todo funciona mejor para mí.

No sabes cuánto tiempo vas a vivir, así que empieza a vivir tus sueños ¡YA! ¿Qué tal si mueres en cinco años?

Y si tienes 50 años y te sientes desanimado, recuerda ese famoso dicho: "¿Cuándo es el mejor momento para plantar un árbol?" "Hace veinte años o ahora mismo". Si tienes 50 años y sientes que has desperdiciado tu vida, empieza a cambiar eso hoy, más vale tarde que nunca. Entiende que el tiempo es relativo.

11. Practica la visualización inversa

"Aprende a estar satisfecho"

La mejor manera de lograrlo es apreciando las cosas que tienes, en lugar de despreciarlas. La técnica más interesante para lograr esto es la visualización inversa. Piensa en esas cosas que tienes hoy en día y que te parecen insuficientes o insignificantes. Ahora imagina cómo sería la vida sin ellas.

Hasta hace un tiempo, conducía una camioneta que originalmente había sido de mi esposa, la habíamos tenido durante 18 años y siempre la mantuvimos en excelentes condiciones. Así que ese terminó siendo mi medio de transporte durante mucho tiempo, aunque alguna vez llegué a despreciarla.

Un día se averió y mientras la recibían en el taller, fui a ver los nuevos modelos. En ese momento no podía adquirir otro coche sin verme en la necesidad de pedir un crédito, cosa que evito a toda costa. Así que estuve varios días batallando sin auto, yendo de un lado a otro como podía, en una ciudad donde el transporte público es caro y muy deficiente. Cuando me devolvieron la camioneta ya reparada, la aprecié como nunca antes, al grado de que dejé de pensar que me hacía falta cambiar de auto.

Practica la visualización inversa; imagina cómo sería tu vida sin aquello que hoy no valoras y quisieras cambiar, pero que no tienes los medios para hacerlo ahora mismo. Cuando comiences a despreciar lo que ya posees por desear algo mejor, aplica esta técnica y podrás apreciarlo en lugar de sufrirlo, esto en lo que accedes a aquello que quieres. Así evitarás caer en deudas o desatender otras cosas más importantes y vivirás sin carencias.

Sin embargo, no confundas el conformismo con estar satisfecho. Ser conformistas es resignarnos a situaciones adversas sin atrevernos a cambiarlas; estar satisfechos es sentir paz interior, independientemente de lo que sucede allá afuera.

12. Ejerce la acción decidida y ten una percepción creativa

"A menos que des el primer paso hacia lograr lo que quieres, no sucederá nada por simple generación espontánea"

No hay nada que sustituya a la acción decidida. Ni la meditación, ni la ley de la atracción, ni el pensamiento positivo podrán darle forma y vida a tus proyectos.

La forma de promover tu acción decidida es desarrollando una percepción creativa.

Déjame explicarte: escribir un libro es una tarea ardua y difícil (al menos para mí lo es). Desde el primer momento en que tomé la decisión de escribir este libro, al día en que escribí la primera línea, pasó un año.

Estaba buscando mil y una excusas para no entrarle al toro por los cuernos, porque sabía que sería un proceso lento y de mucha dedicación, pero al mismo tiempo, como ya estaba decidido, sabía que tarde o temprano tendría que iniciar.

¿Mi solución? Mandé diseñar la portada, incluso antes de tener ni una línea escrita. Cuando tuve el diseño en mis manos, me emocionó tanto que lo compartí con familiares y amigos cercanos, y les dije que ya estaba escribiendo mi libro. Naturalmente, no me gusta quedar como hablador; y eso me obligó a empezar a escribir al día siguiente.

Esta es una manera de engañar la mentalidad perezosa, generar una visión concreta de lo que quieres lograr e involucrar a las personas que te rodean. Es lo que algunos neurocientíficos llaman "*hackear la mente*". Manipular nuestro comportamiento negativo o desidioso, para hacer algo que en otras circunstancias nos costaría mucho trabajo llevar a cabo.

Déjame recalcar esto: para conseguir lo que quieres debes tomar una acción decidida. Da tu primer paso y procura que sea palpable, algo concreto que puedas ver, mientras más a detalle definas tu objetivo, mejor. Empieza por algo sencillo. En mi caso fue realizar la portada de mi libro; en tu caso puede ser cualquier otra cosa. Visualiza el resultado que buscas y empieza a darle vida. No pienses demasiado ¡Actúa demasiado!

Ya sea que veas el vaso medio lleno y descubras oportunidades donde nadie las encuentra, o lo veas medio vacío y vivas pensando que todo te falta, cualquiera de estos dos enfoques será un invento de tu mente. Todo pensamiento es neutral al principio y sólo adquiere un significado cuando lo dotas de valor.

Sabemos que un individuo con miedo a la escasez, es mucho más fácil de manipular con mensajes subliminales que inducen el consumo irracional. Sin embargo, la realidad es muy diferente cuando su percepción está al otro lado del espectro y descubre que hay muchas oportunidades y recursos que puede aprovechar.

Cuando realmente quieres algo, haces todo lo posible para conseguirlo, pero cuando no es tan importante, encuentras mil y un pretextos para evitarlo o postergarlo. Por ello, es importante "hackear la mente", hacerle saber que el éxito no es una mera posibilidad, sino un resultado que quieres lograr a toda costa.

Como dije en un capítulo anterior, los pensamientos e ideas que definen nuestra realidad, constituyen subjetivamente nuestro sistema de creencias y cada pensamiento o concepto carece de valor objetivo *per sé*. Partiendo de esto, no es difícil deducir que la mejor manera de vivir, es dotando de contenido positivo las ideas y conceptos que forman tu manera de pensar y motivan tu actuar.

Por ejemplo, pensar que tu vida está colmada de abundancia y no de escasez, puede contribuir en una vida plena y feliz. Esto aplica de igual manera si piensas en negativo, pero las consecuencias se darán en sentido contrario.¿Piensas que puedes lograr tu libertad financiera? No sólo pienses que es posible ¡piensa que es un derecho inalienable que te has ganado! Y toma participación activa en ello.

No olvides subir tu escalera un paso a la vez, sin atajos. No te saltes ningún escalón y ten en cuenta que, si no puedes ver tu objetivo, no vas a ser capaz de alcanzarlo. Visualiza tu éxito y ve por él.

Esto que aquí escribo no es una verdad absoluta, es una simple filosofía que puede brindarte la fuerza para continuar y vencer cada obstáculo, hacerte ver más oportunidades y seguir avanzando hasta tu meta. Quiero que adoptes una mentalidad que te llene de energía y te motive a superar cualquier dificultad en tu camino a la cima.

13. Aprende a domar tu voz interior

"Por supuesto que vale la pena dar vida a tus ideas"

Esto es lo que le diría a mi yo más joven, que en ocasiones se veía acosado por una voz interior que me decía: "Tu idea no vale la pena, es mejor no perder el tiempo y no hacerlo".

Seguramente más de una vez has escuchado esa voz en tu mente, que te dice que no hagas algo que quieres hacer y termina alejándote de tu meta.

Recuerda, nuestro cerebro está programado automáticamente para mantenernos "seguros" y eso significa que quiere que permanezcamos en nuestra zona de confort. Pero a veces va demasiado lejos en su afán de protegernos y en realidad limita nuestro potencial.

Esa voz debe ser domada. Esa que te dice que no es tan importante esforzarse, que estás cansado, que eres demasiado joven o demasiado viejo para hacer algo, o que es demasiado complicado y no podrás lograrlo. No dejes que esos pensamientos interfieran con tus planes.

14. Se agradecido con Dios

"Vive con gratitud por lo que tienes"

No llegarás tan lejos por cuenta propia. En lo que sea que logres, en esos pequeños y grandes éxitos, Dios es la causa de todo. Así que no te olvides de mostrarle tu gratitud. Y algo muy importante que debes tener presente: "Pide y recibirás, busca y encontrarás, toca a la puerta y la puerta se abrirá para ti". (Mateo 7:7-8)

DIFERENCIA ENTRE SER POBRE Y ESTAR QUEBRADO

Hay una diferencia entre ser pobre y estar quebrado. Aunque ambos implican una falta de dinero, el ser pobre es un estado permanente del pensamiento, mientras que estar en quiebra es una condición temporal.

Puedes estar quebrado porque las cosas no han salido bien, o quizás porque estás en espera de que una inversión fructifique; por el contrario, eres pobre cuando piensas que siempre estarás en una situación de escasez, independientemente de las cosas que tengas o dejes de tener.

Las personas con mentalidad de pobres dicen: "eso es algo que no puedo pagar" en lugar de preguntarse "¿qué debo hacer para poder pagar por eso?" ¿Recuerdas en un capítulo anterior que hablamos sobre la relación entre tus pensamientos y tus emociones? Tus pensamientos determinan tus sentimientos, tus sentimientos determinan tus acciones y tus acciones se traducen en tus resultados. Si la psicología moderna nos ha enseñado algo, es que puedes aprender a controlar cómo respondes a cada situación.

Una persona sin dinero pero con la mentalidad correcta, verá oportunidades incluso en la adversidad, pero esa misma persona con una mentalidad pobre, sólo verá problemas, aún estando frente a grandes oportunidades. Si las cosas no se ven bien en tu situación financiera, es normal sentir ira o frustración, pero nunca debes olvidar que esa condición es temporal, ni dejar de verte a tí mismo como una persona próspera o en su camino a serlo.

NO VIVAS COMO UN MONJE

Estoy convencido que el éxito financiero requiere mucha disciplina, sacrificios y constancia. Pero aún cuando simplificar tu vida pueda ser un requisito para alcanzarlo, considero que nadie debe vivir en un estado de austeridad tal, que le haga parecer un monje tibetano. Por eso quiero enfatizar que es muy importante darte ciertas recompensas de vez en cuando y la mejor manera de hacerlo, es cuidando que a fin de mes tengas un remanente que te permita apapacharte por hacer las cosas bien.

No sólo se trata de premiarte por el esfuerzo realizado, es también una motivación para seguir por el camino de la disciplina. Los grandes logros en la vida son como una carrera de largo aliento y todo buen corredor, hace un alto de cuando en cuando para beber agua. Celebra esas pequeñas victorias en el camino.

QUÉDATE CON LA PERSONA "FINANCIERAMENTE" ADECUADA

Cuando estaba construyendo mi compañía de eventos, viajaba constantemente de un lado a otro por toda la Ciudad de México y por todo el país, ya fuera para visitar nuevos clientes, conocer y negociar con proveedores y por supuesto, llevar a cabo los eventos.

Fue en uno de esos tantos viajes por la ciudad, donde me crucé con una mujer joven y hermosa que había conocido pocos años atrás. Ambos íbamos por una escalera eléctrica pero en sentidos opuestos. Ella me reconoció y gritó mi nombre cuando nos cruzamos, mientras uno subía y el otro bajaba y tan pronto pude, corrí de regreso nuevamente por la escalera para llegar a su encuentro. Intercambiamos números de teléfono y en unos días empezamos a salir.

Una persona sin dinero, pero con la mentalidad correcta, verá oportunidades incluso en la adversidad

Ella estudiaba para obtener un título en arquitectura. Tenía una maravillosa habilidad artística para diseñar, concebir estructuras y poner todas las piezas juntas con un estilo fuera de serie.

Realmente empecé a disfrutar de su compañía. Con cada día que pasaba, se convirtió cada vez más en el amor de mi vida. No podía verme pasar un solo día sin ella, así que le ofrecí unirse a mi negocio para que pudiéramos estar más tiempo juntos. Poco tiempo después de eso, estaba seguro de que quería pasar el resto de mi vida con ella. Un día le propuse matrimonio y nos casamos.

Fue su deseo de triunfar y su invaluable apoyo lo que hizo que mi negocio comenzara a tener mucho éxito. Usó su talento para dar a mis eventos un toque de sofisticación que no habían tenido antes.

A la gente le gustó lo que hicimos y como resultado, pude conseguir mis primeros contratos jugosos. También pasó muchas horas ayudándome a idear nuevos productos y servicios, así como tratar con clientes y proveedores. Sin darnos cuenta, en poco tiempo nos habíamos convertido en un exitoso dúo empresarial: ella atendía los asuntos de la oficina y administraba las finanzas, mientras yo me encargaba del marketing, las ventas y la producción de los eventos.

Mi esposa me ayuda de muchas maneras con su energía y creatividad, disfrutamos de una buena relación marital y a nuestros negocios les va mejor con ambos trabajando en equipo. Si planeas alcanzar el éxito financiero, puede ser una buena idea tratar de encontrar a alguien que tenga intereses similares a los tuyos, específicamente en el campo del dinero, para que ambos sean trabajadores, ambiciosos y tengan un especial interés por ser financieramente prósperos.

Además, si empiezas a trabajar para lograr esta meta desde joven y aplicas las estrategias que te comparto en este libro, es muy probable que logres retirarte con tu pareja, mucho antes que la mayoría de la gente.

Seguramente te preguntarás: ¿Qué tiene que ver el estado civil de una persona con su nivel económico? La respuesta a esa pregunta se da en varias vertientes, pero una de ellas es que el matrimonio o la vida estable en pareja, tiene ciertas características que conducen a la acumulación de fortuna.

Por ejemplo, en la división del trabajo o en la economía del hogar que bien manejada, tiende a ser más eficiente al unir los esfuerzos de dos, generando ahorro, inversión y un patrimonio.

Una de las razones por las que pude obtener mi libertad financiera siendo joven, fue porque me casé con la mujer que amo y por mantener una relación estable basada en la confianza y el cariño, pero sobre todo, por fijar un proyecto de vida con objetivos comunes. Y aunque no siempre ha sido fácil (si estás casado o alguna vez lo estuviste, sabes a lo que me refiero), bien vale la pena luchar por un proyecto de vida en compañía de tu pareja.

Algunas de las cosas que se vuelven esenciales para que un matrimonio (o una pareja) aumente su riqueza, es administrar su dinero con base en un presupuesto familiar anual, para saber el destino final de sus ingresos, lo que les permite lograr un equilibrio eficiente de sus gastos, ahorrar e invertir.

Ahora sabemos que tener un presupuesto, es fundamental para concretar un plan que le dé dirección a nuestros objetivos financieros, en el corto y largo plazos. En este sentido, trabajar con tu pareja en la realización de sus metas comunes, puede ser un factor determinante, no sólo para ganar el juego del dinero, sino para tener una mejor relación.

MANTÉN TU RELACIÓN DE PAREJA

Uno de los mayores reveses financieros para quienes estamos casados, puede ocurrir después de un divorcio, independientemente de la situación económica y el nivel de ingresos que se tenga.

Aparte del desgaste emocional, comúnmente sucede que tus activos se dividen en dos. ¿El peor de los casos? Puedes perder mucho más que eso (y no estoy hablando necesariamente sólo de dinero). Además de la partición de los bienes, también tienes que pagar los honorarios legales, gastos administrativos, pensión alimenticia y mantener un nuevo hogar.

Como ya dije, una de las cosas que pueden permitirte retirarte temprano, es permanecer junto con tu pareja y educarse sobre la gestión de negocios y las finanzas personales. Sin ese conocimiento, alcanzar sus metas financieras les será muy difícil.

A lo largo de mi vida, he conocido a muchas personas que han producido enormes cantidades de dinero y sin embargo, todavía tienen que trabajar, porque no administraron sus finanzas de manera inteligente y porque tienen que mantener dos hogares después de un divorcio.

En mi opinión y por lo que he visto en todos estos años, un factor de éxito en tu situación financiera, radica en hacer equipo con un compañero o compañera de vida, con quien compartas intereses comunes en temas de dinero.

Sin embargo, esto no quiere decir que no puedas convertirte en un millonario o lograr tu libertad financiera si vives en soltería o si te divorcias. Por supuesto que es posible, pero tal vez se requiere un poco más de esfuerzo.

Todo lo anterior es importante en lo que a prosperidad financiera se refiere. Sin embargo, hay otras cualidades importantes que una potencial pareja debe tener para construir una relación sólida: ambos deben ser personas leales, honestas y con deseos de superación, así como vivir con gratitud por todo lo bueno que hay en su vida.

No te quedes con alguien que quiere todo, incluso las cosas superfluas, como lo último en moda y estilo, pero que no está dispuesto a hacer los sacrificios necesarios para obtenerlo.

Además, aléjate de las parejas que siempre comparan su situación económica con la de los demás y que añoran tener lo que otros tienen.

Las parejas que comparten el interés de ser financieramente libres, que trabajan en equipo y administran inteligentemente sus recursos, tienen muchas más probabilidades de lograrlo. Por ejemplo, prefieren comprar un coche usado con tal de no endeudarse, e invierten lo que ahorran para ganar más dinero. Saben que el coche nuevo tarde o temprano llegará, pero prefieren esperar y adquirirlo con las ganancias que producen sus inversiones.

Entabla con tu pareja un código de comunicación constante y abierto acerca del dinero. Hablar de sus ingresos, gastos, planes a largo plazo y problemas económicos, es algo que deben hacer de manera regular. Si tienen este nivel de comunicación en el aspecto financiero, pueden tener la misma conexión profunda en otros campos de su relación.

CUIDA TU SALUD

No estaremos aquí por siempre, por lo que es una buena idea aprovechar el tiempo precioso que tenemos en la tierra y vivir nuestra vida lo mejor posible.

Muchos de nosotros nos aferramos a la idea de que trabajando duro podremos producir más dinero y ser más felices, y creo que esta idea la hemos entendido al revés, porque sucede que al trabajar demasiado normalmente somos menos felices, e incluso podemos ver nuestra salud deteriorada. La salud no es sólo la ausencia de enfermedad, sino un equilibrio de tu persona en su dimensión física, emocional, espiritual y mental, e incluso con tu entorno sociocultural. Esta es la razón por la que la salud es esencial si deseas alcanzar tus metas. Antes de que te pongas a perseguir tus sueños, haz de tu salud tu prioridad número uno, no llegarás muy lejos si tu bienestar se convierte en un problema que requiere atención constante.

Algunas de las actividades que puedes hacer para proteger tu salud y evitar el estrés son, dormir lo suficiente, hacer ejercicio regularmente, expresar tus sentimientos de forma adecuada, tener relaciones sexuales, meditar y muy importante, comer sano.

SEGUROS

Cualquier imprevisto puede suceder en la vida; enfermedades, accidentes, desastres naturales, actos de personas que nos pueden causar daño y otras cosas. Cuando estos ocurren, nuestros activos e incluso nuestras vidas, corren un enorme riesgo.

Los seguros son un escudo excelente para proteger tu patrimonio y transferir el riesgo a un tercero. Velo desde esta perspectiva: el éxito de un equipo campeón no sólo consiste en tener una buena ofensiva, sino también una defensa potente. Lo mismo aplica para ti. Necesitas defenderte de posibles situaciones que ponen tus ahorros y activos en riesgo.

Los seguros cuestan dinero y no te sirven para incrementar lo que ya tienes. Sin embargo, son la mejor manera de protegerte a ti y tu familia y preservar tu patrimonio. Muchas personas subestiman los seguros y los consideran innecesarios. Los seguros son indispensables para construir un patrimonio sin arriesgarse a perderlo y constituyen un gasto que jamás debes cuestionarte si lo debes realizar o no. Mientras que un seguro se compra con la esperanza de nunca utilizarlo, también debes pensar en cómo resultarían las cosas si algo grave te sucede y no tienes cobertura en ese momento.

Hay un dicho que aprendí de mi agente de seguros que siempre tengo presente:

"Es mejor tener un seguro y no necesitarlo, que necesitarlo y no tenerlo".

Una emergencia que implique realizar gastos médicos mayores, puede agotar tus ahorros y mucho más que eso. Recuerdo cuando mi padre tuvo que ser atendido en el hospital por la enfermedad que poco tiempo después le costaría la vida. De no haber contado con un seguro de gastos médicos mayores en aquel momento, mi familia no habría podido enfrentar los gastos de hospitalización durante casi tres meses y seguramente hubiéramos terminado en la ruina financiera.

Antes de contratar un seguro de cualquier tipo, debes buscar la mejor asesoría de parte de un profesional, que te recomiende la opción de cobertura más conveniente.

Tú también debes hacer tu labor: investiga por tu cuenta el tema e identifica las diferencias entre planes disponibles. Ahora bien, no es necesario transferir todos tus riesgos a otra persona moral, en este caso la aseguradora, sino únicamente los más costosos. Los riesgos pequeños los puedes absorber tú.

Entre los seguros más comunes que –en mi opinión– debes tener siempre, está el de cobertura amplia para tu auto, gastos médicos mayores y seguro de vida. En cuanto al seguro de incapacidad por accidente, sólo puedo decirte que si haces bien tu planeación financiera y logras generar ingresos pasivos a una edad temprana o media, te habrás "auto-asegurado" y no tendrás necesidad de pagar las primas anuales de este tipo de cobertura.

Ahora bien, si tienes 30 años y dos hijos que mantener, es una buena idea tener seguro de vida por si llegas a faltar; pero pasado el tiempo, cuando cumplas 50 años y te hayas vuelto financieramente libre siguiendo los consejos de este libro, ya tendrás un fondo de ahorros, dinero invertido produciendo ingresos pasivos y muy probablemente habrás liquidado tu hipoteca de manera anticipada, entonces no tendrás necesidad de un seguro de vida y aún así, podrás contratar uno si lo deseas.

HAZ TU TESTAMENTO

El testamento es un último regalo que le haces a tus seres queridos cuando partes de este mundo y si tienes al menos un activo inmobiliario, o cualquier otra posesión valiosa que pueda ser heredada, es necesario hacer un testamento formal, en el que indiques expresamente "quién" obtiene "qué" de todo lo que dejas atrás, para que tus herederos puedan poner en marcha el mecanismo legal que les permita tomar posesión de los bienes de tu herencia.

Hacer un testamento es sencillo y relativamente económico, sin embargo, la gran mayoría de la gente muere intestada.

Asegúrate de estar bien informado y conocer las opciones con las que cuentas al momento de testar. A pesar de ser licenciado en Derecho, el único trabajo que tuve dentro del ramo legal fue en una notaría como pasante. Ahí pude darme cuenta de que los notarios, casi nunca conocen las circunstancias familiares y particulares de las personas que acuden a ellos para hacer su testamento y por lo tanto, no están en posibilidad de darles consejos adecuados para cada caso específico. Muchas veces los vi hacer un testamento basado en una plantilla que recomiendan a todos los clientes. Si bien eso es mucho mejor que morir intestado, esta manera de redactar un testamento, rara vez se ajusta a las necesidades particulares del testador.

Si crees que no necesitas hacer tu testamento, recuerda que morir intestado puede poner en riesgo a tu familia: en el mejor de los casos, deberán incurrir en grandes gastos y resolver muchos problemas, si acaso quieren mantener legalmente los bienes que dejes tras tu muerte.

En el peor de los casos, podrían estar luchando contra algún tercero que quiera apoderarse de tu caudal hereditario y dejar a tus seres queridos sin nada.

Sin embargo, hay algo aún peor que todo esto: tu familia podría desgarrarse tratando de recuperar lo que hayas dejado atrás. Disputas como estas pueden prolongarse durante años e incluso décadas y dañar la relación de toda tu familia en un pleito que puede durar generaciones.

CLAVES ESENCIALES DE ESTE CAPÍTULO

1. Ve directamente hacia tus objetivos.
2. Estar en bancarrota es temporal.
3. Ser pobre es un estado mental de que siempre estás en escasez.
4. Es bueno recompensarse de vez en cuando y seguir adelante con la misma motivación.
5. Tu cónyuge o pareja adecuada, puede ser la clave de alcanzar tu libertad financiera en menos tiempo.
6. La comunicación es importante en cualquier relación, incluyendo asuntos de dinero.
7. Asegúrate frente a los riesgos que implican grandes gastos.
8. Haz tu testamento y evita poner tu patrimonio en riesgo.

CONCLUSIONES

Ahora que has llegado al final de este libro, seguramente te preguntarás: "¿Qué sigue?" Y mi respuesta es simple:

¡APLICA DE ESTE LIBRO TODO LO QUE TE AYUDE A ALCANZAR TUS METAS FINANCIERAS!

Espero sinceramente que estos principios te acerquen a tus objetivos en el ámbito del dinero. Sólo ten en cuenta que, si no los aplicas, es exactamente lo mismo que si nunca los hubieras aprendido.

En estas líneas tienes lo necesario para transformar tu vida y lograr tu libertad financiera. Aprendiste que tener riqueza es el resultado de hacer las cosas de cierta manera. Que todos nuestros comportamientos se basan en teorías, mismas que se pueden verificar a través de la experiencia para corroborar si son correctas o incorrectas. También aprendiste que tenemos un patrón del dinero arraigado en nuestra mente, el cual determina nuestro destino financiero y que puede ser identificado y cambiado para apoyar nuestras metas. Conoces el tipo de negocio que puedes construir y cómo convertirlo en un vehículo que te produzca ingresos pasivos.

Reemplaza esos hábitos que te distancian de tús objetivos. No eres diferente de todos aquellos que han logrado ganar el juego del dinero e incluso se convierten en millonarios; es sólo que no tenías la información ni las herramientas adecuadas para comenzar tu viaje. Aquí tienes el mapa y la brújula.

Si no estás satisfecho con tus resultados en el terreno financiero, este libro es sólo el comienzo de tu viaje para construir un mejor futuro. Hay muchas otras cosas que puedes hacer para profundizar en estos temas y acelerar tu proceso, como leer más libros, escuchar audio cursos y asistir a seminarios en vivo.

Las personas con problemas económicos, tienden a culpar a la mala suerte y otras situaciones externas por todo lo que les sucede, pero en realidad el problema radica en basar sus acciones en teorías equivocadas, en lugar de buscar mejores respuestas.

Tres palabras pueden potencialmente disminuir tu capacidad para acumular riqueza y esas palabras son: "Ya lo sé". Cuando lees u oyes algo, puedes hablar de ello y tener una mejor comprensión del tema, pero en realidad no lo sabes. En otras palabras, sólo sabes algo hasta que lo haces, hasta que lo vives.

Y si te pareció útil este conocimiento, ***te invito a vivirlo*** y ampliar las ideas que te proporciona este libro, asistiendo a mi seminario intensivo "**Dile Sí Al Dinero**".

Durante este evento transformador, aprenderás a un nivel de conocimiento profundo, un proceso paso-a-paso para ganar el juego de dinero y lograr tu libertad financiera. Estarás rodeado de otras personas de alto calibre con intereses afínes a los tuyos, que te acompañarán durante todo el proceso, en un entorno creativo y lleno de energía.

Recuerda, es una ley natural que las mismas causas producen los mismos efectos y a menos que adquieras nuevos conocimientos que te permitan hacer las cosas de manera diferente, seguirás enfrascado en las mismas fórmulas y obteniendo los mismos resultados. También es indispensable que continúes aprendiendo nuevas habilidades y estrategias para acelerar tus ingresos, administrar tus finanzas personales e invertir tu dinero inteligentemente. Y eso es precisamente lo que aprendes al asistir a este extraordinario programa.

No busques pretextos para evitar tomar medidas hoy. Si me dices que no tienes tiempo para tu educación financiera, lo siento pero eso no te lo creo, no eres un esclavo moderno, así que no pienses como si fueras uno. Ten en cuenta que el precio de la educación lo pagas una vez, mientras que el precio de la ignorancia lo pagas toda la vida.

Las personas que no encuentran alternativas y siguen batallando con el dinero toda su vida, no están dispuestas a invertir en su formación. Por otro lado, las personas ricas y exitosas están siempre ahí, listas para enfrentar el desafío y dispuestas a aprender cosas nuevas para crecer. He conocido a muchos emprendedores exitosos en mis seminarios, personas que consideran que aprender incluso una sola nueva habilidad, –algo que les ayude a mejorar en cualquier área en particular–, hace que su inversión de ir a este evento valga la pena y se pague con creces.

Mi propósito de vida es reformar el sistema educativo y presentar una manera más eficiente y divertida de aprender. Sé por experiencia que la clave para tener una vida de abundancia, estabilidad y paz financiera, radica en aprender a manejar tus finanzas personales y una excelente manera de empezar a lograrlo, es asistiendo a mi seminario intensivo "Dile sí al dinero". Por todo lo anterior, te invito de todo corazón a asistir a este evento de transformación personal. Es divertido, es emocionante y está lleno de conocimientos y habilidades financieras esenciales, fáciles de aprender y aplicar en tu vida diaria. No es una exageración decir que este evento puede cambiar tu futuro financiero.

Si no has encontrado lo que has estado buscando, tal vez quieras considerar buscar en otro lugar y si me dices que no tienes el tiempo y los medios para asistir a mi seminario, entonces definitivamente necesitas asistir y probablemente más que nadie.

Si no estás 100% satisfecho con tus resultados en el ámbito económico, visita **Dilesialdinero.com** y solicita más información para asistir a este revolucionario evento.

¿Estás listo para empezar un nuevo capítulo en tu vida financiera? ¿Quieres trabajar por tu cuenta y lanzar un negocio que puedas sistematizar, para que funcione sin ti y se convierta en un ingreso pasivo? ¿Quieres retirarte antes que la mayoría, gozar de tiempo libre para hacer lo que quieras y disfrutar de tus seres queridos, con la posibilidad opcional de poder elegir trabajar por gusto y no por necesidad? Si tu respuesta es sí, entonces estás listo para decirle **sí al dinero**.

¡Gracias por leer mi libro!

Jorge Zurita

¡CORRE LA VOZ!

Durante mis seminarios, a menudo pregunto a los participantes qué es lo que más desean tener en la vida y por lo general nombran cuatro cosas: salud, dinero, amor y felicidad.

Estos aspectos son esenciales para vivir una vida plena. Desafortunadamente y a pesar del impacto que estas cuestiones tienen en la vida de todo ser humano, en la escuela no nos enseñan como asegurar el éxito en ninguna de ellas.

Ahora bien, la razón principal por la que decidí centrar este libro en el dinero, es porque es el área más universalmente problemática en la vida de la mayoría de las personas. Y cuanto antes identifiques tus teorías incorrectas en torno al dinero y las cambies, más rápido afectarás las demás áreas de tu vida.

El objetivo principal de este libro es ayudarte a aumentar tu inteligencia financiera y tus posibilidades de crear, mantener y acrecentar tu riqueza. La información que acabas de recibir, si la aplicas, te permitirá lograr metas más altas, por lo que es tu responsabilidad alcanzar el pináculo de tu éxito.

La importancia de esta oportunidad de mejorar, no tiene que ver solamente contigo, sino con mucha más gente.

Por esta razón, te invito a compartirla con otras personas. Corre la voz y comunica los principios contenidos en este libro con tanta gente como te sea posible. Conversa de estos temas con tus amigos, familiares, socios comerciales y otros grupos. Incluso puedes considerar darles este libro como un regalo que respondará a muchas de sus interrogantes. También les encantará asistir contigo a mi seminario **Dile Sí Al Dinero**. Es una experiencia extraordinaria para compartir con tus amigos y seres queridos. Claro que podemos ayudar a transformar la vida de mucha gente, una persona a la vez.

Te invito a que juntos hagamos realidad este anhelo.

¡Gracias!

Jorge Zurita

INVITA A JORGE A TU PRÓXIMO EVENTO

La administración del dinero es un tema esencial para cualquier persona que quiera alcanzar la libertad financiera, independientemente de su nivel de ingresos. Sin embargo, puede ser bastante complejo cuándo se consideran los diversos conceptos y factores que se ven involucrados.

Una presentación en vivo de Jorge Zurita ayudará a tu audiencia a comprender los fundamentos indispensables para construir riqueza. Su mensaje puede ser aprovechado por empresarios exitosos, profesionales independientes, ejecutivos en el mundo corporativo, padres y madres que trabajan desde casa, adultos jóvenes, personal docente y administrativo e incluso adolescentes.

Jorge combina principios y herramientas de éxito comprobado, que cualquiera puede aplicar de inmediato para producir resultados en la vida real.

Con un alto nivel de energía y un incomparable estilo que- **inspira a la audiencia a tomar acción**, Jorge Zurita comparte su experiencia mediante técnicas de aprendizaje acelerado que involucran, entretienen y educan a los asistentes, ayudándoles a transformar su vida.

Si quieres motivar a tu audiencia y empoderarla con las herramientas adecuadas para ganar el juego del dinero, invita a Jorge a presentar esta conferencia en tu próximo evento.

Solicita más información visitando: **Dilesialdinero.com**

AGRADECIMIENTOS

Quiero agradecer a muchas personas por el impacto positivo que me han dado durante mi vida, grandes maestros como Dale Carnegie, Brian Tracy, Napoleon Hill, Wayne Dyer, Robert Kiyosaki, Thomas J. Stanley y T. Harv Eker.

También quiero agradecer a mi querido amigo y colega, Mario Borghino, por su valiosa contribución al escribir el prólogo de este libro.

Se necesita mucha gente para escribir un libro y ponerlo en manos de los que más lo necesitan; a todas esas personas una sola palabra: **GRACIAS**. Por último y lo más importante, quiero reconocer y agradecer a mi adorada familia por su apoyo incondicional.

ÍNDICE

R

S

T

U

V

W

Z

www.ingramcontent.com/pod-product-compliance
Lightning Source LLC
LaVergne TN
LVHW091256150826
845673LV00006B/1433

* 9 7 8 0 9 8 5 4 1 6 0 4 1 *